주식시장에서 끌려나오는
양자이론

천부경 해설 #1

주식시장에서 끌려나오는 양자이론
천부경 해설 #1

초판 1쇄 인쇄	2022년 09월 16일
초판 1쇄 발행	2022년 09월 30일

신고번호	제313-2010-376호
등록번호	105-91-58839
지은이	황치만
발행처	보민출판사
발행인	김국환
기획	김선희
편집	정은희
디자인	다인디자인
주소	서울시 강서구 마곡서로 152, 두산타워 A동 1108호
전화	070-8615-7449
사이트	www.bominbook.com
ISBN	979-11-92071-79-4 03110

• 가격은 뒤표지에 있으며, 파본은 구입하신 서점에서 교환해드립니다.
• 이 책은 저작권법에 의하여 보호를 받는 저작물이므로 무단 전재와 복사를 금합니다.

주식시장에서 끌려나오는
양자이론

천부경 해설 #1

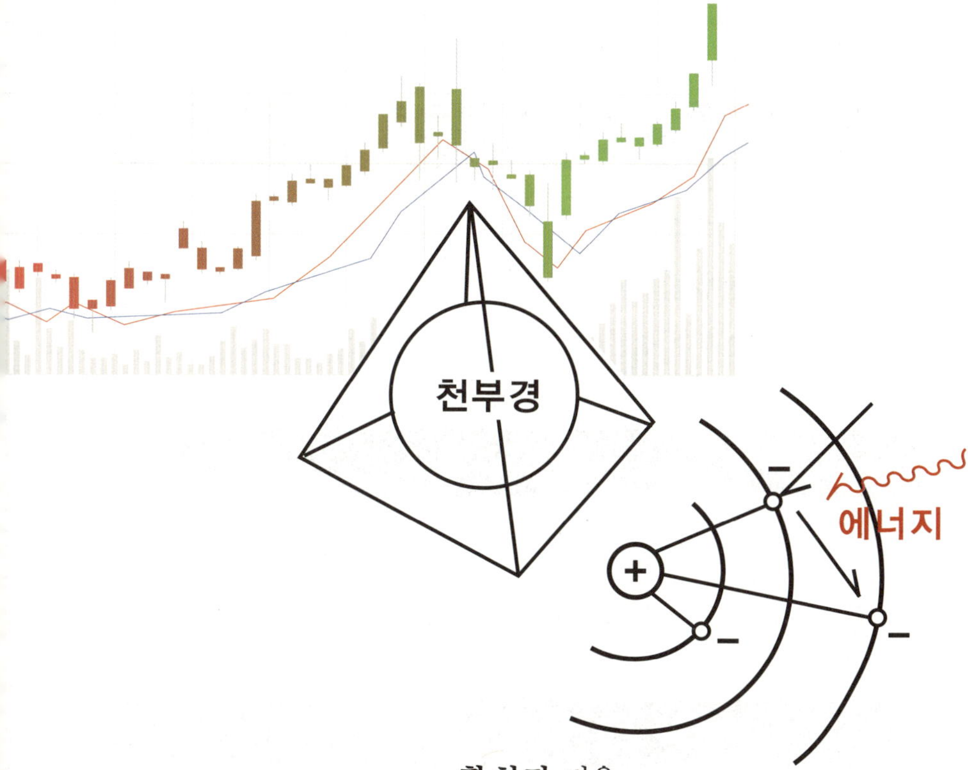

황치만 지음

보민출판사

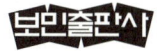

목차

제1장 서문

(1) 머리말 　　　　　　　　　　　　　　　　11
(2) 천부경의 역사 　　　　　　　　　　　　　18
(3) 천부경 전문 　　　　　　　　　　　　　　20

제2장 천부경 81자 해석의 개요

(1) 개별문장의 해석 　　　　　　　　　　　　25
(2) 천부경의 전체개요 　　　　　　　　　　　32

제3장 천부경의 상세해석과 실생활의 적용

(1) 一始無始一(일시무시일) 　　　　　　　　35
(2) 析三極 無盡本(석삼극 무진본) 　　　　　42
(3) 天一一地一二人一三(천일일지일이인일삼) 　47
(4) 一績十鉅 無匱化三(일적십거 무궤화삼) 　50

(5) 天二三地二三人二三(천이삼지이삼인이삼)　　53

(6) 大三合六 生七八九(대삼합육 생칠팔구)　　56

(7) 運三四 成環五七(운삼사 성환오칠)　　58

(8) 一妙衍 萬往萬來(일묘연 만왕만래)　　63

(9) 用變不動本(용변부동본)　　66

(10) 本心本太陽 昻明(본심본태양 앙명)　　71

(11) 人中天地一(인중천지일)　　76

(12) 一終無終一(일종무종일)　　80

제4장 음양오행의 배경인 천부경

(1) 음양이론이 처한 현실　　85

(2) 음양의 개념　　89

(3) 사상으로의 분화　　93

(4) 오행의 형성　　95

(5) 오행론과 십간　　99

(6) 육기론과 십이지지　　104

제5장 우주운동에서의 특이지점

(1) 火金交易은 황극, 神의 자리　　115

(2) 水, 겨울의 역할, 회복과 진화　　118

(3) 무극 → 태극 → 황극　　125

제6장 우주에서 나타난 천부경

(1) 지구의 생존에 필요한 일월 129
(2) 우리 은하와 천부경 133
(3) 태양계의 은하계 내에서 움직임 139
(4) 은하계 회전주기의 빈자리 146
(5) 전문주기의 비교 157

제7장 천부경의 실생활의 응용

(1) 피라미드의 생성 161
(2) DNA와 천부경 166
(3) 주식 DATA와 천부경 183

제8장 종교와 천부경

(1) 동양종교와 서양종교의 차이점 201
(2) 종교의 종말론의 실체 211
(3) 사과나무와 뱀 218
(4) 우상의 이해 221
(5) 無-神의 밝음과 어둠 224
(6) 척짓지 말라 / 척지지 말라 230
(7) 윤회와 제사 234
(8) 한국인의 소도문화 246

(9) 한국불교의 특이점　　　　　　　　　　252

제9장 수행을 통한 완성의 길

(1) 道를 닦는 것이 수행　　　　　　　　257
(2) 천부경에서 알려주는 수행의 내용　　258
(3) 수행의 목표와 방법론　　　　　　　　263
(4) 수행과 인체와의 관계　　　　　　　　271
(5) 호흡수련　　　　　　　　　　　　　274
(6) 주문수련법　　　　　　　　　　　　283
(7) 불교의 화두선　　　　　　　　　　　288
(8) 상두호흡과 뇌과학　　　　　　　　　291
(9) 맑은 물을 마주한다　　　　　　　　　300
(10) 見性과 완성의 모습　　　　　　　　303

제10장 천부경에서 보는 양자역학

(1) 4차원의 시간과 허수　　　　　　　　313
(2) 계의 형상과 차원의 이동　　　　　　317
(3) 양자역학의 비교　　　　　　　　　　320
(4) 무속의 양자현상　　　　　　　　　　325
(5) 집필을 마치면서　　　　　　　　　　327

제 1 장

서문

目次

(1) 머리말

흔히들 동양의 사상이라고 하면 음양오행과 주역을 떠올린다. 나도 역시 관련 지식이 없는 상황에서는 그렇게 생각할 수밖에 없었고, 점괘를 뽑아서 앞길이 어떻게 된다는 예언적 점사를 듣는 것이 당연한 것으로 생각했었다.

주역에 실망하고 천부경을 만나다
나는 어느 날 '저렇게 점치는 게 정확하다면 컴퓨터 프로그램을 해서 운영을 하면 정확하게 맞아서 주식투자를 하면 큰 부자가 되지 않을까?'라는 생각을 하게 되었다. 그래서 고민 끝에 주역도 공부하고, 프로그램도 공부해서 시도를 해봤는데 결국은 모두 손실을 보게 되는 참담한 결과를 얻었다.

이 상황에서 주역을 포기하고 접었어야 하는 것이 일반적이고 정상이라고 할 수 있을 것이다. 그러나 나는 정상적이지 않은 성향을 타고난 것 같았다. 끝까지 파고들고 싶은 욕망을 잠재우지 못하고 주역과 관련한 주변의 자료들을 모두 뒤지면서 다시 시작하게 되는 길로 나선 것이다.

그러나 우연히 들었지만 전혀 관련이 없을 듯했던 천부경이란 책을 접하게 되면서 많은 것이 달라지기 시작했다. 천부경은 많이 알려진 경전인지라 시중에 나온 관련 책들이 많았기에, 그리고 주역이란 책에서 실망을 많이 했던 터라 부정적인 시각으로 바라보면서 타인의 해석에는 전혀 관심을 두지 않고 순수한 나의 생각만으로 81자를 처음부터 내가 직접 경험할 수 있는 현실적 현상을 중심으로 해석하기로 하였다. 타인의 해석에 관심을 두면 일단 선입관이 생기면서 순수한 해석에 방해를 받을 거란 생각에서였다.

잘못 해석된 주역의 빈 공간을 발견

오늘의 세상은 주식시장이라는 제도가 인류의 탐욕과 그로 인한 전쟁, 경제의 부침, 인간들의 심리상태 등 복합적인 요소들이 녹아있는 종합적인 시장으로 판단되고, 게다가 전체 DATA들이 컴퓨터 처리가 가능하도록 되어 있는 주식시장이야말로 천부경의 열쇠를 풀 수 있는 가장 좋은 장소가 될 것 같았다.

그리고 그 기대는 틀리지 않았다. 수많은 세월을 투자한 끝에 완성하고 보니 동양의 선인들이 연구하고 기록했던 모든 주역이나 관련된 학문들이 어디를 근거로 해서 나타난 학문인지 불분명한 구름에 뜬 학문으로 취급될 수도 있을 정도의 허점이 나타나는 것이다.

주역은 천부경과 비교하였을 때 연관성이 많으며, 분명히 초기의 팔괘를 만들었던 태호복희씨 때까지는 천부경의 논리가 살아 있었을 것으로 추정되지만 천부경의 전문을 가지고 있는 동이족의 손을 떠난 주나라 문왕 이후로는 중요한 오류를 범하고 있다는 것이 눈에 들어오기 시작하는 것이다.

먼저 가장 중요한 부분은 팔괘의 세 개의 획 중에서 천부경에서 말하는 핵심인 無를 표현하지 않는다는 것이다. 그리고 어디에도 그에 대한 해석은 나타나지 않는다. 주역이 제대로 해석이 되려면 마땅히 인간 완성의 핵심인 無가 정의되지 않고는 해석이 한 발자국도 나갈 수 없는데도 無가 없는 상태에서 끝까지 해석이 되어버린 것이다.

그래서 고대로부터 전해져 오던 인간 수행의 당위성이 무시되었고, 無의 역할이 빠진 괘사와 효사는 뚜렷한 방향성을 제시하지 못하고 불확실성만 설명하고 있고, 無가 이끌어가는 주도적인 변화를 제사라든지, 기복적인 요인으로 해석되고 있는 것이다.

잘못 해석된 주역이 세상에 미친 영향

이 또한 주역이 정확한 해석을 만들어내지 못하는 상황설명이 된다. 그리고 나서는 마치 주역이 사서삼경의 핵심으로서 세상의 중심인 것같이 생각을 해왔으니 그동안 동양의 세계관은 주역이란 無가 없는 공허한 인문학적 틀을 깨지 못한 상태로 3천 년을 흘러온 것이다. 어느 누구도 유학이란 거대한 틀에 갇힌 사회를 만들어낸 사람들에 대하여 그들과 다른 것을 추구하면 불경죄로 잡혀가는 인간의 자율성이 상실된 사회가 동양에서 만들어졌던 것이다.

이 상황은 유능한 사람으로 하여금 인류 생활에 직접적인 도움이 되는 자연과학의 발전에 눈을 돌리지 못하고 그저 높은 관직을 얻는 출세에만 관심을 두게 된 까닭에 동양사회는 진취적이지 못한 낙후된 사회로 변모되게 된 것이라 생각된다.

안타까운 인류역사 퇴보의 시간들

동양은 사고가 자유스러웠던 시절에 뛰어난 정신으로 과거에는 나침판, 화약, 인쇄술 등을 만들어내면서 세계인류의 문명을 선도했으나 위와 같이 동양이 낙후하는 사이에 서양은 동양의 사상을 받아들이면서 인류문명에 이익이 되는 발전된 방향을 추구하면서 발달된 과학문명을 이루게 되었다. 반면에 중국뿐만 아니라 한국은 중국보다 더 참담한 낙후를 겪은 끝에 근대에는 서양에 의해 지배당하는 상황으로 몰리게 된 것이다.

이런 상황이 개선되어 동아시아에 좋은 세상이 오게 된다 하더라도 현재의 중국 공산당이라는 인류를 억압하는 집단이 인류를 좋은 방향으로 이끌 수 없다는 것은 분명하다. 오히려 그들이 추구하는 세상은 근대의 동양보다 더 심각한 낙후를 가져올 것이 예상될 뿐이다. 그래서 유학의 폐해는 수천 년의 세월을 통해서 그 폐단이 서서히 동양의 사회에 뿌리내린 상황이며, 이를 극복하기 위해서는 잘못된 학문의 잘못된 해석은 개선되어져야 할 것이다.

반야심경 창세기 팔괘에서 해석의 실마리

처음에는 나도 천부경의 해석이 몇 번의 오류로 흘러갔다가 다시 돌아오는 오류 수정의 과정을 수없이 겪었다. 결정적으로 해결의 실마리를 찾게 된 곳은 불교와 기독교의 종교서적이었다. 반야심경의 '색즉시공 공즉시색'을 음미하던 순간에 나타난 것이 존재와 비존재의 의미인 一과 無였다.

우연히 창세기를 보던 중에 천지창조의 부분이 떠오르는데 거기에서 하느님의 존재가 빛과 어둠을 가르는 과정과 인간을 창조하는 과정이 나타나면서 천부경의 내용과 일치하는 점을 느끼게 되면서 초기의 천부경이 구전되는 형태는 창세기와 비슷했을 거란 생각을 하게 되었다.

그리고 주역의 괘상이 만들어지는 과정은 천부경의 내용과 조금도 다르지 않았다. 그래서 이후의 해석들을 정리할 수 있게 된다. 역시 無의 존재를 전제로 하는 종교가 인류 문명사에 과거의 전통과 지식들을 잘 보관하고 있다는 생각이 드는 순간이었다. 단지 단점이 있다면 그 각각의 내용들이 천부경의 아주 일부분만을 대상으로 하고 있었다는 점인데 그 내용의 전체를 담고 있는 문장은 천부경 외에는 발견하지 못했다.

열린 과학의 시대와 열려야 하는 신의 시대

서양의 과학은 최근의 수백 년간 눈부신 발전을 이루어왔다. 그리고 그 발전은 인류가 여태까지 누려보지 못한 생명과 풍요의 한

구석을 잘 메워주는 데 성공했다고 본다. 물론 빈부의 차이가 존재하면서 어려운 사람들도 존재하지만 과거의 노예제도가 존재하면서 동물보다 못한 속박에서 살던 시대보다는 훨씬 좋아진 것은 분명하다. 그러나 이러한 현대과학에도 논리적인 모순이 생겨나고 있는 것은 어쩔 수가 없는 상황이다. 증명을 중시하는 현대과학의 물리학에서 명확히 설명되지 않는 양자역학이 그 시작점이라고 보면 된다.

분명히 현상은 나타나는데 물리적으로는 증명이 되지 않는 그들이 말하는 현대과학으로서는 용납하기 어려운 상황이 나타나는 것이다. 이것은 천부경에서 표현되는 無라는 존재를 생각하지 않음으로써 벌어지는 결과라는 사실을 유능한 과학자들이라면 아마도 알고 있을 것이다. 마치 주역이 無라는 존재를 해석하지 않아서 현재의 커다란 오류가 나타났던 것처럼 그로 인한 문명의 퇴보가 발생하였듯이 자칫하면 현대과학도 이러한 현상을 조기에 개선하지 않으면 주역이 동양의 사회를 수천 년의 퇴보의 구덩이로 몰아넣었듯이 현대과학도 억지증명이란 틀에 갇혀서 그러한 동양의 역사적 오류를 범하지 말라는 법이 없다.

이러한 오류는 빨리 수정되지 않으면 과학이 발달할수록 틈새는 더욱 벌어지게 될 것이다. 그 無에 대한 실마리는 천부경에서 열리고 있다. 물론 천부경에서도 無에 대한 존재는 언급은 하고 있지만 無가 움직이는 과정의 법칙은 나타나지 않고 있다. 아직 밝혀지지 않은 초과학적인 이론……. 이것이 천부경을 연구해야 할 매력적인 이유가 아닐까 생각한다.

젊은층이 쉽게 접근하도록 편집

따라서 이 내용들을 보아야 하는 사람들은 기존의 인문학자들이 아닌 자연과학에 관심이 있는 젊은이들이 보고 관심을 가지는 것이 더 중요하다고 보았다. 그래서 한자를 잘 모르는 젊은 세대를 위하여 가능하면 한자를 쓰지 않고 쉽게 풀어쓰는 방향으로 집필하였으므로 다소간의 중복 설명된 부분도 나타나고 있다는 점과 과학적인 사실을 예로 들면서 설명한 부분이 많지만 일반상식을 뛰어넘는 비과학적인 부분도 無의 추가적인 해석으로 인하여 섞여 있다는 것을 감안하여 감상해주시기 바란다.

(2) 천부경의 역사

　천부경은 한민족에게만 전해져 오는 것으로 알려진 인류 최초의 경전으로 처음 만들어진 시기는 아무도 알지 못한다. 단, 삼국유사에 '환인이 환웅에게 천부인 3개와 제세혁랑군 3천을 주어서 태백산 신단수에 내려보내어 세상을 경영하도록 했다.'는 문장이 나오는 것으로 봐서 이 천부가 천부경이 아닌가 추측하고 있을 뿐이다.

　환단고기에서는 환인이 환국시대의 수장인 점을 감안하면 환인이 전달했으므로 약 1만 년 전에 이미 존재했다고 추정할 수 있고, 신라시대의 현재로 보면 왕실 도서관 관장의 직책을 맡고 있던 박제상의 '부도지'에 나타나는 기록에 의하면 환국 이전의 초고대의 마고시대에 이미 천부의 언급이 나타나는 것으로 봐서는 환국보다 더 이전에서부터 존재했다고 볼 수 있는 것이다.

　그 이후 구전으로 전해져 오던 천부경을 단군께서 신지에 명하여 ¹⁾녹도문으로 기록하게 하셨다는 기록이 있는 것으로 봐서 천부경은 본래는 이야기의 형태로 전해졌다는 추측을 할 수 있다. 그리고 신라시대에 최치원 선생이 이것을 수습하여서 다시 해석하여서 한자로 만들어서 백산의 석벽에 새겨두었다는 기록이 남아있었는데 이후에는 실전하다가 1916년 묘향산에서 수행하던 계연수가 묘향산의 석벽에 각인된 최치원 선생의 천부경을 우연히 발견하여 세상에 나오게 되었다고 한다. 그 위치가 북한땅으로 확인이 어려운 점은 아쉽다.

---

1) 고조선 시대에 있었다고 알려진 문자로 사슴의 발자국 형상을 본떠서 만들어진 문자라고 한다.

(3) 천부경 전문

一始無始一析三極無
盡本天一一地一二人
一三一積十鉅無匱化
三天二三地二三人二
三大三合六 生七八九
運三四成環五七一妙
衍萬往萬來用變不動
本本心本太陽昂明人
中天地一一終無終一

일시무시일석삼극무

진본천일일지일이인

일삼일적십거무궤화

삼천이삼지이삼인이

삼대삼합육생칠팔구

운삼사성환오칠일묘

연만왕만래용변부동

본본심본태양 앙명인

중천지일일종무종일

제 2 장

천부경 81자 해석의 개요

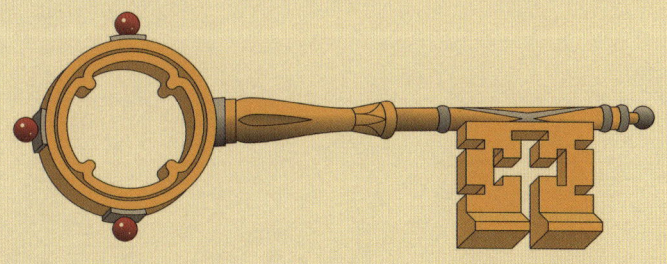

(1) 개별문장의 해석

一始無始一(일시무시일)
一始와 無始는 (同) 一하다.

일이 시작하는 것과 무가 시작하는 것은 같다. 일과 무는 함께 존재하는 것으로 따로 존재하는 것이 아니다.

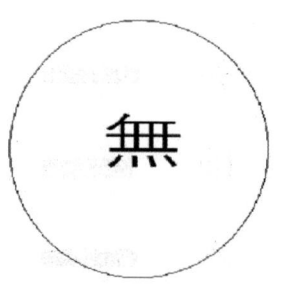

析三極 無盡本(석삼극 무진본)
析하여 三極이 되고 無는 盡하여 本이 된다.

나누어서 삼이 되는데, 그중에 무는 자신을 소멸시켜서 본을 만든다. 일은 두 개로 나뉘지만 무는 자신을 소멸시킬 정도로 힘을 써서 본이 되어 세 개로 나누어진다.

天――一地―二人―三(천일일지일이인일삼)
天――一하고 **地―二**하고 **人―三**한다.

하늘은 첫 번째 단계에서 처음으로 생겨나고, 땅은 첫 번째 단계에서 두 번째로 생겨나며, 만물과 사람은 첫 번째 단계에서 세 번째로 생겨난다.

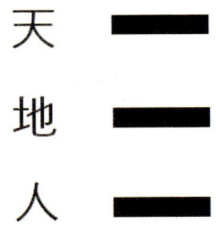

一積十鉅 無匱化三(일적십거무궤화삼)
一積하여 **十鉅**하고 **無匱**하면서 **化三**한다.

한 개씩 쌓아서 열 개가 되고, 세 개씩 무한 반복으로 진행된다.

天二三地二三人二三(천이삼지이삼인이삼)

天二三하고 地二三하고 人二三한다.

두 번째 단계로 천지인 세 개가 동시에 두 개씩 여섯 개로 분화한다.

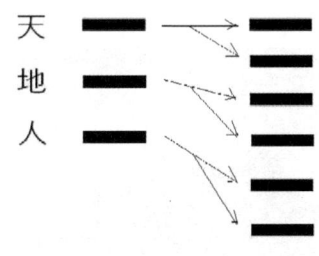

大三合六 生七八九(대삼합육 생칠팔구)

大三合六하고 生七八九한다.

두 번째 단계에서 천지인이 분화하면 모두 6개가 되는데 이 6개는 다시 각각의 세 개의 천지인을 한 개씩으로 새로운 천지인을 순서대로 만들어낸다.

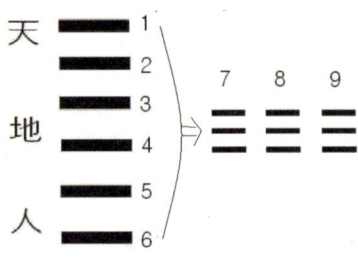

運三四 成環五七(운삼사 성환오칠)

運三하고 (運)四하면서 成環할 수 있는데, 이것은 五와 七로 나눌 수 있다.

삼을 움직이고 사로 벌리면 경우의 수가 12가 된다. 12가 둥글게 만들어져서 순환과 변화를 하는데 이것은 5와 7로 나눌 수 있다.

一妙衍 萬往萬來(일묘연 만왕만래)

一이 妙하거나 (一)이 衍하면 萬往萬來한다.

사물(一)은 아주 작아지거나 너무 커지게 되면 넘치게 되면서 본성이 변하고 아주 많은 일이 벌어지게 만든다.

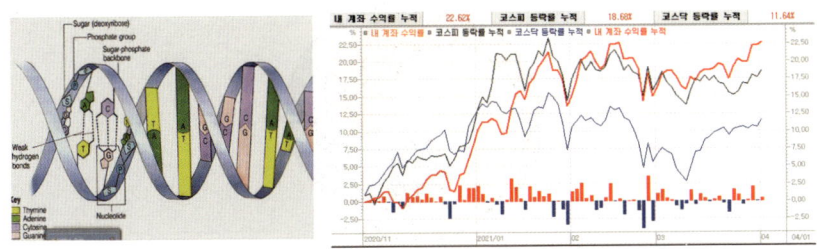

用變不動本(용변부동본)

用하면 變하지만 不(用)이면 (不變)하는데 動本한다.

사용하게 되면 변하게 되고, 사용하지 않으면 변하지 않는데 이런 변화들이 本을 움직여서 바꾸게 된다.

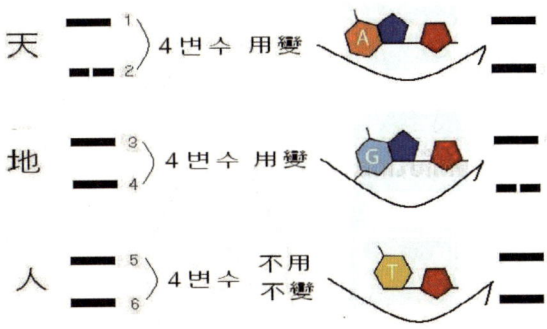

本心本太陽 昻明(본심본태양 앙명)

本은 心이고, 本은 太陽과 같으며, 昻明한다.

본은 마음이고, 본은 태양의 본성을 가지고 있으며, 밝음을 존중하고 우러러본다.

人中天地一(인중천지일)

人의 中에 天地를 품은 (人)은 一이 된다.

사람은 천지를 품어서 하나가 되면서 완성의 경지에 이른다.

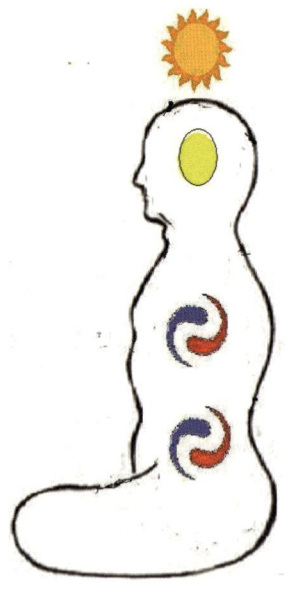

一終無終一(일종무종일)

一終하고 無終하면 一로 돌아간다.

실물이 죽으면 실체가 없는 것도 죽게 되며, 아무것도 없는 一이 되어 다시 시작한다.

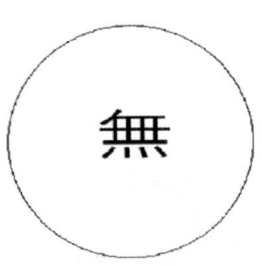

(2) 천부경의 전체개요

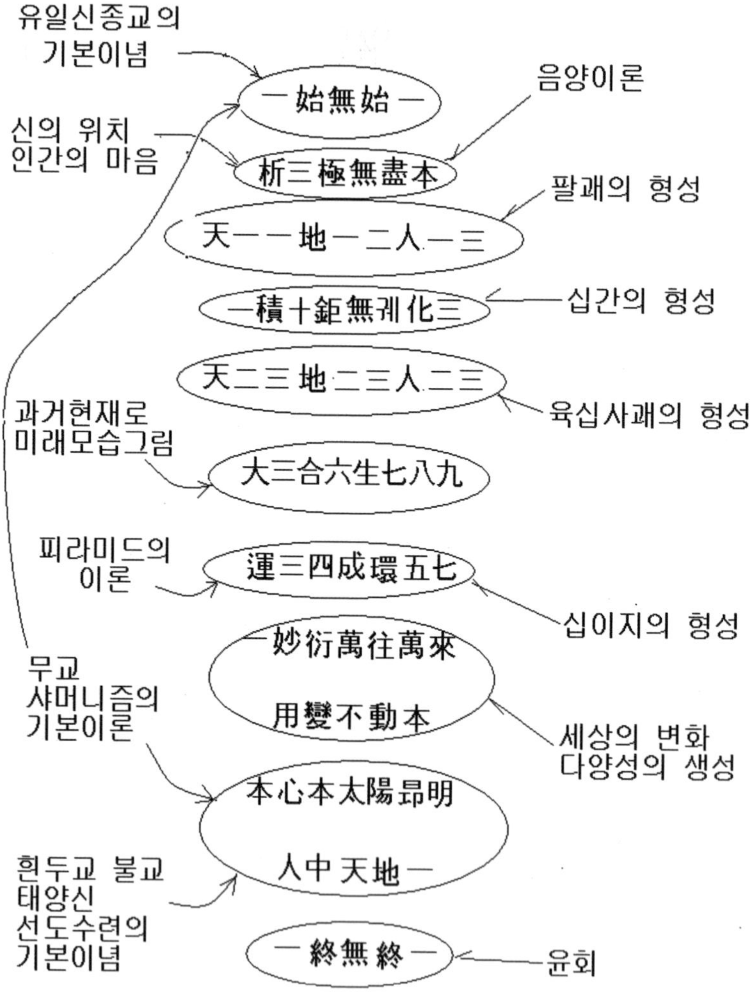

- 유일신종교의 기본이념 → 一始無始一 ← 음양이론
- 신의 위치 인간의 마음 → 析三極無盡本 ← 팔괘의 형성
- 天一一地一二人一三
- 一積十鉅無궤化三 ← 십간의 형성
- 天二三地二三人二三 ← 육십사괘의 형성
- 과거현재로 미래모습그림 → 大三合六生七八九
- 피라미드의 이론 → 運三四成環五七 ← 십이지의 형성
- 무교 샤머니즘의 기본이론 → 妙衍萬往萬來 用變不動本 ← 세상의 변화 다양성의 생성
- 힌두교 불교 태양신 선도수련의 기본이념 → 本心本太陽昂明 人中天地一
- 一終無終一 ← 윤회

제 3 장

천부경의 상세해석과 실생활의 적용

(1) 一始無始一(일시무시일)

一始와 無始는 (同)一하다.
일이 시작하는 것과 무가 시작하는 것은 같다. 일과 무는 함께 존재하는 것으로 따로 존재하는 것이 아니다.

一과 無는 1과 0 그리고 존재와 비존재
여기서의 一과 無는 존재하는 것과 존재하지 않는 것으로 생각하면 된다. 즉 눈에 보이는 것과 눈에 보이지 않는 것으로 현재 컴퓨터의 기본 정보단위인 1과 0이 같은 개념이다. 1이 있지만 0이 없다면 1도 소용이 없게 된다.

1과 0이 분리되기 전에 0과 1이 섞여서 있으면 아무 기능도 하지 못하는 혼돈의 상태이나 분리되면서 비로소 존재와 비존재는 의미를 가지게 된다. 다르게 생각하면 움직이는 것과 움직이지 않는 것으로도 볼 수 있다. 또 다른 의미로 시간적으로 생각할 수 있는데 내가 있는 현재의 모습과 현재가 아닌 모습으로 구분할 수 있는 것이다.

종합하면 0과 1은 존재에 의미를 둘 때와 움직이는 것에 의미를 둘 때와 흐르는 시간에 의미를 둘 때가 각각 다르게 느껴질 수도 있지만 원리적으로는 같은 것이란 뜻이다. 이러한 해석은 다양한 부분으로 확대할 수도 있다.

존재에 의미를 둘 때의 원자구조

존재의 가장 기본적 구조가 원자라 가정한다면 원자 크기 중에서 원자핵과 전자가 차지하는 공간의 면적은 미미할 정도로 작다.

원자 : 원자핵 → 100,000 : 1

원자핵 : 전자 → 100,000 : 1

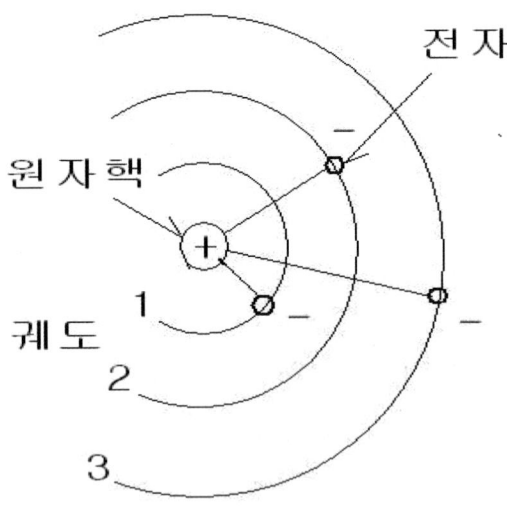

전자가 엄청난 속도로 회전하지 않는다면 원자는 보이지도 않을 것이다. 원자는 원자핵과 전자가 실물인 눈에 보이는 아주 작은 一이 되고, 전자가 빠른 속도로 원자핵 주변을 회전하는 것은 회전력을 일으키는 에너지로 인한 것이다. 결국은 우리는 원자핵과 전자가 아니라 에너지를 보고 있는 것이다.

이 에너지가 無가 되는 것이고, 아주 작은 원자핵과 전자가 一이 되므로 一과 無가 합해진 원자가 한 개의 물질로 인식되면서 궁극적인 一이 되는 것이고, 존재가 되는 것이다. 이 一에는 無가 함께 존재한다.

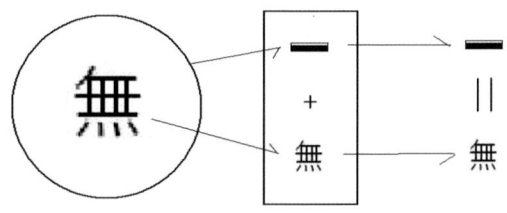

2) 색즉시공 공즉시색

앞의 내용은 개념적으로 불교의 반야심경에서 나오는 '색즉시공 공즉시색'과 동일하다고 볼 수 있다. 모든 것은 존재와 비존재 사이를 왕복할 수 있는 것이다. 원자에서 전자기파를 방출해서 에너지를 잃어버리면 전자는 원자핵으로 추락하여 회전력이 없어지게 되며, 눈에 보이지 않는 빈 공간만 남게 된다. 다시 에너지를 회복하

---

2) 色則是空 空則是色(색즉시공 공즉시색), 불교 반야심경, 직역하면 있는 것은 없는 것이고, 없는 것은 있는 것이다. 존재와 비존재의 동질성을 설파한 말이다. 더 자세한 내용은 '석삼극 무진본'의 내용에도 설명된다.

면 물질이 보이게 되는 것이다.

불교의 관점에서 반야심경의 '색즉시공 공즉시색'이라는 구절은 이러한 물질의 원리를 알게 되었을 것으로 보이는 석가모니의 진언이다. 존재와 비존재는 어차피 물질계에서는 동일한 것이며, 空이라는 다소 허무한 뜻으로 받아들이게 느껴지지만 그 空이란 것은 실상은 속이 꽉 찬 실속을 전제로 한다는 것을 뜻한다.

인간의 無

인간을 존재와 비존재의 의미로 본다면 인간의 인체가 존재가 될 것이고, 영혼은 비존재를 뜻하게 될 것이다. 인간에게 비존재인 영적 존재가 없다면 인체는 시체가 되어 움직이지 못할 것이고, 움직이고 싶다면 몸을 움직이는 지휘부인 영적 존재가 필요하게 될 것이다. 따라서 인간이란 인체의 一이 아닌 영혼인 無가 실제 주인이 된다.

인간을 제외한 비존재의 無

一과 無를 구분하는 영역을 보다 확대한다면 사람이나 원자 등 상징적인 부분이 아니라도 세상에 존재하는 모든 만상이 각각의 비존재의 통제하에 있다고 생각했다. 따라서 한국인의 조상들은 돌, 물 등의 물질에도 이러한 에너지의 존재를 인정하였으며, 아무리 하찮은 사물을 대하더라도 함부로 여기지 않았다.

바위, 돌, 물과 같은 무생물인 물질은 無의 존재를 정령이라 부르고, 식물도 정령의 존재로 부르며, 돼지, 닭 등의 동물들에게는 그보다 다소 높은 수준의 無를 인정하여 동물령이라고 불렀다.

동물의 無는 본능에 가까운 데 영적 에너지를 소모해야 할 것이고, 인간의 영은 그보다는 훨씬 높은 영적인 無의 존재이므로 보다 이성적인 곳에 더 많이 집중할 수 있다. 이것은 하루하루 먹고사는 문제가 해결되지 않은 동물에게는 먹고사는 본능이 해결되어야 살아남을 수 있으므로 존재의 문제에 집중할 수밖에 없고, 농경과 목축을 통해서 생존문제를 해결한 인간은 존재보다는 더 비존재를 위한 활동을 할 수 있다는 것을 말해준다.

무리 지은 집단의 無

一과 無의 역할은 개별적인 것에만 그치지 않는다. 인간의 사회적 현상으로서 사람들이 모여서 집단을 형성한다면 크던 작던 공동의 목표가 성립되지 않으면 그 역시 흩어지고 말 것이다. 종교집단과 같은 마음의 절대적 신뢰를 바탕으로 하는 집단이라면 神에 대한 신뢰가 無의 역할을 할 것이고, 정치집단이라면 정권쟁취나 그 외 사회적 공동의 목표가 그 구심점이 될 것이고, 기업이라면 생존을 위한 급여가 동기가 되면서 무리를 짓게 될 것이고, 그에 필요한 활동을 하게 될 것이다.

이와 같이 모든 집단은 공동의 정신적 목표가 전제되지 않으면 흩어지게 될 것이다. 이러한 목표가 無로서의 역할을 하게 되며, 집단인 一을 유지하는 중요한 요인이다. 항상 그곳에는 그러한 목표를 달성하는 데 적합한 우두머리가 존재하는데 그가 실질적인 無의 대행자가 되며, 구성원들은 一과 無의 존재로부터 각각의 역할을 수행할 수 있는 동기를 얻는다.

바이러스와 같은 세균과 철새집단에도 無는 존재

이러한 현상은 바이러스와 같은 작은 미생물의 집단에서도 생존이라는 공동의 목표하에 無와 같은 지도적인 세력이 존재한다. 그들의 생존활동에도 모종의 지배력이 작용하면서 움직인다고 생각하는 것은 지나친 상상일까?

철새들은 때가 되면 많은 무리들을 이끌고 목적지를 향해 날아간다. 이들에게는 가장 앞에서 날아가는 대장철새가 이끌고 있는 것이다. 그러다가 대장철새가 더 큰 맹금류의 공격을 받아서 죽게 되면 대신하여 누군가가 그 위치를 점유하고 가던 길을 계속 간다.

집단에서 無라는 것은 이렇게 한 마리만 우두머리가 될 수 있는 것이 아니고 상황에 따라서 옮겨가는 것이다. 이것은 철새 한 마리의 개별차원의 無도 존재하지만 무리를 이루면 전체 집단의 커다란 無도 존재하는 수직적인 형태로도 발전할 수 있다는 것을 보여준다.

無가 모든 삼라만상의 주인

따라서 비록 一만 눈에 보이지만 모든 존재의 주인은 一이 아닌 無의 비존재가 된다. 흐르는 시간으로 보더라도 無의 상태인 현재가 어떻게 움직이느냐에 따라 미래가 변하는 것이다. 과거의 모습도 현재의 모습에서 과거에 그것이 어떠했는지를 살펴볼 수가 있다. 움직임으로 보아도 움직이지 않는 정지상태가 없으면 움직이는 것도 정지상태에 비교하여야 비로소 움직임을 알 수 있다. 無가 없으면 一도 존재하지 않는다.

(2) 析三極 無盡本(석삼극 무진본)

析하면 三極이 되고, 無가 盡하여 本이 된다.

나누어서 삼이 되는데, 그중에 무는 자신을 소멸시켜서 본을 만든다. 일은 두 개로 나뉘지만 무는 자신을 소멸시킬 정도로 힘을 써서 본이 되어 세 개로 나누어진다.

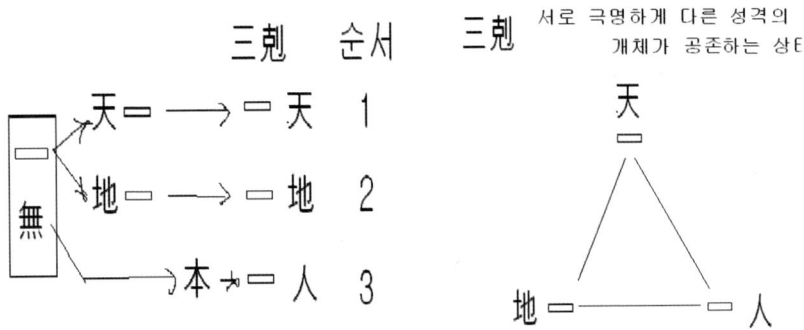

一은 음양으로 분화

가시적인 형상을 표현한 一은 두 개로 분화한다. 움직임으로 볼 때, 공간적으로 볼 때, 시간적으로 볼 때의 주로 세 가지의 측면에서 바라볼 수 있다. 우주 간의 힘의 미세한 차이는 팽창하기도 하지만 수축하기도 할 수 있는데 이것을 음양이라고 한다.

공간적으로 본다면 혼란한 우주에서 탁한 부분을 가라앉히면 맑은 부분이 나타나는데 그 맑은 부분은 하늘이 되고, 가라앉은 탁한 부분은 뭉쳐서 땅이 되며, 이것 역시도 음양으로 볼 수 있다. 시간적으로 본다면 지나간 과거도 있지만 다가올 미래도 있는 것이므로 이 역시도 음양으로 볼 수 있다.

無는 그 자리에서 無로 존재
이러한 음양을 제외하면 시간적으로는 현재와 움직임으로 보면 정적인 상태와 공간적으로 천지간에 있는 만물이 無가 된다.

구약의 '창세기'에 보면 "태초에 하나님이 천지를 창조하시니라. …… (중략) …… 하느님이 이르시되 빛이 있으라 하시니 …… (중략) …… 하나님이 빛과 어둠을 나누사 하나님이 빛을 낮이라 부르고 어둠을 밤이라 부르시니라. …… (생략) ……"라는 구절이 있는데, 이것 역시도 빛과 어둠을 만드는 주도적인 존재가 있음을 언급하고 있으며, 하나님으로 특정하고 있다. 이것이 천부경의 無의 존재와 일치한다고 보면 된다.

無가 의지를 실현하는 방법
여기서 나타나는 하나님은 우주는 아무 생각도 없이 아무런 근원적인 요인도 없이 이합집산하는 것이 아닌 주도적인 변화의 의

지가 있다는 것을 나타내는 말로서 천부경에서 표현한 無의 의지를 말한다.

이것은 천부경의 '一妙衍 萬往萬來'에서 이러한 無의 의지가 관철되는 방법을 표현하고 있는데 無가 대단한 힘을 가지고 당장의 폭풍을 일으키면서 변화시키는 것이 아니라 無가 물질 간의 아주 작은 차이를 만들어서 이것이 점차 큰 변화를 일으키는 방법으로 無의 의지를 실행한다는 것을 말해준다.

음양의 생성

따라서 변화하고 움직이는 一은 작은 원자 간의 충돌에서 질량의 차이를 만들어서 그 차이로 빛을 만들어 에너지를 방출하면서 양을 실현하고, 원자 간에 유지하는 작은 힘의 부족이 그 구조들을 허물어지게 만들면서 더 작은 크기로 질량을 모으는 블랙홀 같은 것으로 빛을 흡수하게 되는 음을 만든다.

공간적으로는 탁하고 무거운 것들을 모으면 땅이 되면서 음이 되고, 나머지 남겨진 맑고 가벼운 것들은 하늘에 남아서 양이 된다. 이러한 변화를 유도하였던 無라는 존재는 작은 차이를 유발하면서 음양이 형성되면 그의 임무가 완료된 것이므로 더 이상의 임무가 없어지게 되며, 無는 本이라는 개체에 자신의 모든 권한을 이양하면서 無라는 존재는 현상에서 사라진다고 보면 된다. 그러나 無는 실제로는 사라지는 것이 아닌 本이 활동하는 것을 보면서 本과 함께 계속해서 존재한다.

無가 本을 만들어낸다

이렇게 탄생된 음양이란 존재는 하늘과 땅이라는 존재로 세상에 나타나게 되고, 하늘과 땅에서 無라는 존재는 직접 관리하지 않고 本이라는 존재를 만들어서 대신 관리하게 만든다.

초기에는 本이 어린 상태이므로 無에 의해서 이미 주어진 자연의 법칙에 따라서 새로운 것을 탄생시키기도 하고, 변화시키기도 하지만 本이라는 존재가 성숙하게 되면 점차로 本이 그 주도권을 장악하게 된다.

本은 인간에 비유하면 마음이란 존재가 되며, 無는 神 또는 性과 같은 인간의 마음의 보다 근본적 내면을 말하게 된다. 이 마음은 인간이 다시 죽어서 없어지게 되면 사라지게 되지만 無라는 존재는 다시 표면으로 나타나면서 本에게 부여한 모든 권한을 회수하게 된다.

無盡本은 無와 本 사이의 권한과 역할의 조정이며, 동일체로 보면 된다. 따라서 삼극이란 가시적인 음양과 눈에 보이지 않는 주도적 역할을 하는 無를 포함하여 세 개를 나타내는 것이다.

불교의 空과 천부경의 無-本의 추구하는 바

'무진본'에서 本이 출현하면서 불교에서 말하는 空의 개념을 해석할 수 있게 된다. '일시무시일'에서 언급된 존재와 비존재의 뜻은 空이 말하는 개념과 천부경의 無의 개념과는 직접 비교할 수 없는 해석 시점의 차이가 존재한다. 불교에서 마음을 비우는 개념의 空은 천부경에서 無가 本인 마음으로 변신하면서 비로소 같은 시점의 비교가 가능해진다.

앞에서 언급되었던 존재와 비존재에서 비존재가 주도권을 잡았듯이 여기서도 無가 本으로 변신을 하게 된다면 本이 인체의 주도권을 행사하며, 本인 마음은 역시도 끊임없는 감정의 표현보다는 감정의 움직임이 비교적 적은 정적인 상태를 추구하게 되는 것이 인체의 안정적 유지에 도움이 된다. 이것이 불교에서 말하는 空으로 이해될 수 있으며, 천부경에서도 황극의 상태인 정적인 마음의 상태로 이해한다.

끊임없는 마음의 흔들림은 인체의 유지에 도움이 되지 않을 뿐 아니라 위험에 빠뜨리게 될 수 있기 때문이다. 이것은 불교에서 말하는 空의 추구하는 바가 될 것이므로 空이 추구하는 바와 本이 추구하는 바는 같다고 볼 수 있다. 따라서 無가 만들어내는 本과 本의 근본인 無는 같은 존재이면서도 작용은 달리하는 묘한 관계를 형성한다.

(3) 天――一地―二人―三
(천일일지일이인일삼)

天――하고 地―二하고 人―三한다.

하늘은 첫 번째 단계에서 처음으로 생겨나고, 땅은 첫 번째 단계에서 두 번째로 생겨나며, 만물과 사람은 첫 번째 단계에서 세 번째로 생겨난다.

앞의 두 문장에서는 一과 無의 본질에 대한 개념적 정의를 하였지만 여기서부터는 만물의 시간적 분화와 공간적 분화의 발전하는 실제 과정을 표현하고 있다. [3]태호복희의 팔괘가 출현하게 된 근본 이론을 설명하는 부분으로 팔괘는 천부경에서 나온 것이다.

---

3) 배달국 환웅의 한 사람, 역사상 처음으로 팔괘를 만들었다고 한다. 거북의 등에서 발견된 무늬를 보고 그렸다고 하지만 실제는 거북의 등껍질로 점을 치는 고대의 풍습에서 지어낸 이야기로 추정된다. 한민족에게만 전해진 천부경으로 이 책에서 해석한 바와 같이 배달국에는 이미 존재했었을 것으로 추정된다. 당시로는 황제헌원이나 주문왕에게는 전설 속에서나 탄생할 만한 문명적 발견이었을 것이다.

거북의 등에서 이 이론을 발견하였다는 것은 당시의 사람들이 거북의 등껍질로 점을 쳤기 때문에 천부경을 모르는 사람들이 만들어낸 이야기로 생각된다.

一一 一二 一三 부분에서 보듯이 첫 단계의 처음과 두 번째와 세 번째의 순서를 표현한다고 볼 수 있다. 천지인은 이와 같이 시간개념의 순서대로 나타나면서 뒤이어 공간적으로 하늘과 땅으로 나뉘어 자리를 잡고 나면 세 번째의 人은 천지 간에서 천지 간의 작용에 의하여 만물이 생겨난다.

만물은 여기서는 인간으로 해석한다. 인간은 하늘의 뜻에 따라서 땅에 존재하는 개체로 無가 本으로 변하여서 공간에서 시각적으로 볼 수 있는 모습으로 나타나는 것이다.

따라서 天地는 순식간에 둘로 나누어지는데 天은 나타나는 순간에 맑아진 하늘로서 기능을 하지만 地는 뭉쳐서 굳어지는 시간이 필요하므로 天보다는 늦다. 天도 처음에는 탁하지만 地가 완전히 굳어지면 같이 맑아진다. 人은 天地가 모두 성숙되어야 하므로 출현하는 데 시간적 수요가 상당히 길다고 볼 수 있다.

이러한 천지인을 막대기 한 개씩으로 표현한 것이 팔괘의 모습을 이루며, 나중에 나타날 움직임을 감안하면 8개의 모습이 시간과 공간을 지배하게 된다. 이것이 팔괘이다.

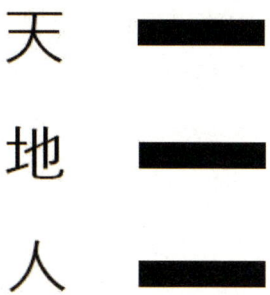

경우의 수

$(1 \times 2) \times (1 \times 2) \times (1 \times 2) \to 8괘$

(4) 一績十鉅 無匱化三
（일적십거 무궤화삼）

一績하여 十鉅하고 無匱하면서 化三한다.

한 개씩 쌓아서 열 개가 되고, 세 개씩 무한 반복으로 진행된다. 팔괘를 표현하는 천지인은 세 개씩 쌓아 올리면서 열 개가 되면 다시 시작하는 방법으로 끝없이 시간의 진행과 함께 흘러간다.

三은 天地人으로 표현되고, 十이란 숫자는 [4])甲乙丙丁戊己庚辛壬癸로 표현된다. 오행성의 오행이 음양을 감안하여 열 개가 발생되며, 현재 지구가 행성에 둘러싸여 순차적으로 영향을 받는 모습을 표현하는 十干이다.

---

4) 십간의 모습은 사상과 오행의 변화에 따라서 순서대로 이름을 붙인 것이다.

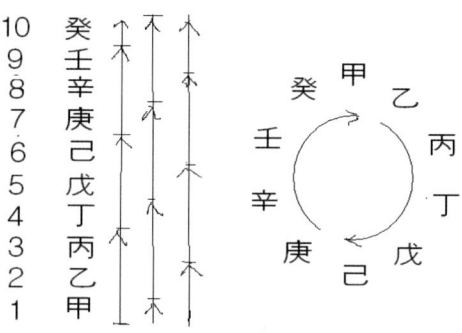

이 부분은 실생활에 자주 적용되는 부분으로 현재의 모습을 DATA로 가정 시에 오늘의 DATA가 내일 당장 변화를 일으키는 것이 아닌 2단계와 3단계는 현재의 DATA의 특성을 유지하다가 4단계에서 변화의 영향을 주는 구조로 실제로 나타난다고 본다.

5) 유전자의 모습으로 보면 지금 나의 모습이 아들, 손자까지는 같은 나의 유전자가 영향을 미치는 범위이지만 증손자대에 가면 내가 바꾼 유전자의 특징이 완전히 새로운 체계를 갖추어 실질적인 유전자 변화가 일어난다. 내가 지금 하는 모습과 행위가 내 후손들의 일정한 기간에 누적이 되면 삶의 모습이 완전히 변하게 된다는 것도 말해준다.

내가 오늘 좋은 일을 많이 하면 좋은 유전자의 실체는 증손자부터 나타나며, 나쁜 일을 많이 하여 세상에 원성을 많이 받으면

---

5) 유전자는 생명과학에서 만물의 생명활동에 대한 모든 정보를 담은 DNA를 말한다. 컴퓨터에서 하드디스크에 저장하는 데이터와 비슷하지만 2비트 단위의 정보가 아닌 64비트 단위의 정보를 관리한다.

그 역시 증손자부터는 확실한 주홍글씨로 유전자에 기록된다는 뜻이다.

이러한 [6]DNA의 변화는 천부경의 삼의 원리에 잘 나타나고 있으며, DNA의 구성은 뒷부분에서 나오는 사상과 오행의 원리에서 잘 설명되고 있어서 만물의 구성 자체가 천부경의 해석과 일치한다. 천부경이 우주의 원리라는 것을 그대로 나타내준다.

---

6) 유전자는 DNA의 전사를 통해서 리보솜이라는 곳에서 아미노산을 만들어낸다. 이 정보단위는 3개씩 뭉쳐져 있어서 천지인의 모습을 하고 있다. 이 3개씩의 정보는 길게 연결이 되며, 나중에는 이렇게 뭉쳐진 아미노산이 구부러져서 형태를 이루며 단백질이 되고, 단백질은 인체를 유지하는 데 없으면 안 될 중요한 물질이다.

(5) 天二三地二三人二三
(천이삼지이삼인이삼)

天(二)三하고 地(二)三하고 人(二)三한다.
두 번째 단계로 天地人의 세 개가 동시에 두 개씩으로 분화한다.

앞에서는 一이 시간적으로 순차적인 분화가 생겼다면 여기서는 一의 분화가 움직임으로 적용한다. 한 개가 두 개로 나누는 것은 음양으로 나눈다는 뜻이다. 순서를 나타내는 자리에 二三이 나타나며, 천지인에서 모두 똑같이 二三, 二三, 二三으로 표현되었다. 이것은 순서가 같으므로 동시에 이루어진다는 뜻이다. 1단계에서는 시간적 공간적인 변화에 의해서 팔괘가 나타나지만 2단계에서는 운동, 즉 움직임의 변화를 세상에 드러낸다는 뜻으로 수축과 팽창의 음양이 동시에 움직이기 시작한다.

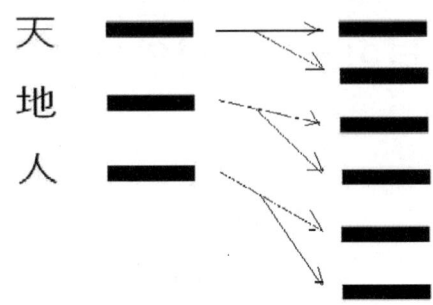

좀 더 성장하면서 처음에는 천지인이 3개에만 표현했으나 이제부터는 6개로 표현하게 된다. 모든 움직임에는 음양의 개념이 가세한다. 이로써 팔괘가 64괘로 변화의 지평을 넓히게 되는데

1. [7)]공자의 주역에서는 팔괘가 중첩되어서 64괘가 이루어지는 것으로 알고 있으나
2. 천부경의 원문 해석은 천지인의 3개가 각각 음양으로 분화하는 것으로 해석한다.

이러한 과정의 차이는 사용법과 해석의 차이도 분명히 있다.

경우의 수
1. $(2)^3 \times (2)^3 \rightarrow 8 \times 8 \rightarrow 64$

[7)] 공자는 중국의 노나라 사람으로 동이족이다. 유학의 대표적인 인물로 알려졌다. 그 이유는 대표적 유학서적인 사서삼경 중에서 가장 최고의 학문적 깊이를 가진 역경을 완성한 인물로 기록되어 있기 때문이다. 복희 - 주문왕 / 무왕을 거치면서 이론을 축적하여 공자가 역경을 완성했는데 이것을 주역이라 한다.

2. $(2)^2 \times (2)^2 \times (2)^2 \rightarrow 4 \times 4 \times 4 \rightarrow 64$

이 두 차이는 팔괘와 팔괘를 곱한 것과 음양이 4개로 분화된 4개의 형태를 세 번 곱한 것의 차이이다. 이 부분에서부터 사상의 개념이 나타나며, 사상은 개념적인 음양이론에서 벗어나서 현실에서 실질적인 영향을 미치는 이론으로 발전한다.

공자의 주역 64괘 해석은 [8]2.5-5.5천 년 전의 정치 / 인문학적인 해석으로 당시 시대에서 가장 필요했던 점성학적 해결과 각종 사안의 길흉을 예측함으로써 주역을 활용하는 용도로 발전된 학문이다. 오늘날 이것은 데이터의 활용방법이 발전하면서 그 활용도를 상당 부분 상실했다. 천부경의 64괘 해석은 본래 탄생배경부터가 인문적 분야가 아닌 자연과학에 근거하여 발생한 이론이다.

다소 모호한 해석을 대신하여 명확한 방향을 제시하여야 하는 해석이 필요하다. 공자 주역해석은 팔괘의 그 근본 뿌리인 천부경을 도외시한 해석이므로 천부경을 해석할 때는 공자의 주역과는 일정한 선 긋기가 필요하다고 본다. 해석의 내용 또한 공자의 주역은 다소 모호한 부분을 자주 비치고 있는데 이런 해석은 수학적인 정확한 답을 요구하는 천부경에서는 사용하기 어려운 내용으로 생각된다.

---

8) 태호복희 - 주나라 문왕 / 무왕 - 공자에 이르는 기간을 말한다. 이후로도 주자학, 양명학, 소강절의 황극경세서 등 많은 유학의 발전이 있었으나 인문학적 발전에 치중하였던 것은 당시 사람들의 사고방식의 한계였다고 본다.

(6) 大三合六 生七八九
(대삼합육 생칠팔구)

大三合六하고 生七八九한다

　두 번째 단계에서 천지인이 분화하면 모두 6개가 되는데 이 6개는 다시 각각의 세 개의 천지인을 한 개씩으로 새로운 천지인을 순서대로 만들어낸다.

　1단계에서 팔괘가 형성되고, 2단계에서 64괘가 형성되어서 64괘가 만들어지면 다시 3단계에서는 미래를 뜻하는 새로운 팔괘를 만들어낼 수 있다. 1단계, 2단계의 64괘가 현재까지의 모습이라면 3단계에서 나타나는 새로운 팔괘는 미래를 말하는 모습이 된다.

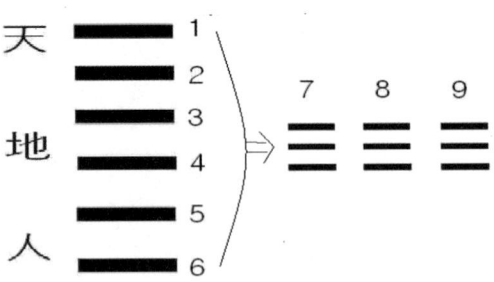

이 부분은 날짜별 음양의 고유 에너지의 변화에 따라서 달라지며, DATA를 추출할 수 있는 주식시장의 변화에 의해서 검증할 수 있다.

(7) 運三四 成環五七
(운삼사 성환오칠)

運三하고 (運)四하면서 成環할 수 있는데, 이것은 五와 七로 나눌 수 있다.

삼을 움직이고 사로 벌리면 12가 되는데, 역시 순환할 수 있게 둥글게 만들어질 수 있으며, 이것은 5와 7로 구분된다.

삼과 사는 시간과 공간의 요소로 교차 또는 중복활용이 가능하며, 삶과 생활의 변화를 표현하는 도구이다. 天地人과 사상은 시간적인 요소와 공간적인 요소로 각각 표현할 수 있고, 각각의 천지인은 또한 현실에서 여러 가지의 다양한 모습으로 나타날 수 있다.

四相이 나타남으로써 변화의 한 단락에서 천지인의 3개와 사상의 4개가 조합이 되면서 3 × 4 → 12개의 모습이 생겨나는데 이 12개는 [9]생장염장의 모습으로 우주에서 많은 부분에서 공통적으

---

9) 生長斂藏(생장염장), 태어나고 자라고 수렴하고 죽어가는 모습을 표현한 용어다.

로 나타나는 형태이다.

천지인과 사상의 조합은 물질의 기본형태

앞에서의 '일적십거 무궤화삼'에서는 10개의 하늘의 모습을 표현한 내용이라면 여기서의 12개는 땅에서의 모습을 표현한 내용이며, 이런 4개와 12개의 순환은 우주에서 공통적으로 나타나는 공통의 이치이다.

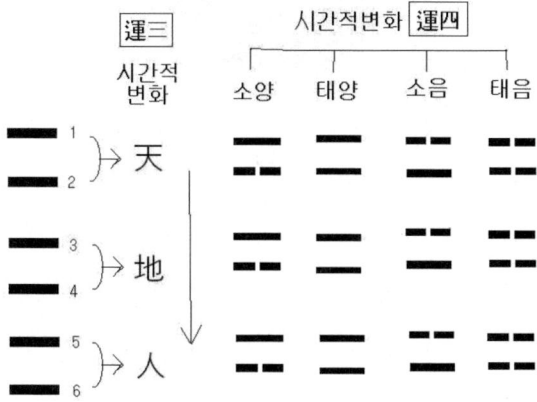

땅, 즉 地의 모습은 네모반듯한 사각형의 모습이며, 이 사각형의 모습에 각각의 천지인이 3개가 삼각형을 이루면 피라미드의 형상을 보이며, 피라미드 건축의 원리가 되며, 피라미드가 생겨난 과정이다.

삼재사상		천	지	인
소양	봄	초봄	봄	늦봄
태양	여름	초여름	여름	늦여름
소음	가을	초가을	가을	늦가을
태음	겨울	초겨울	겨울	늦겨울

다음의 그림은 '성환오칠'을 나타내는 도표이다.

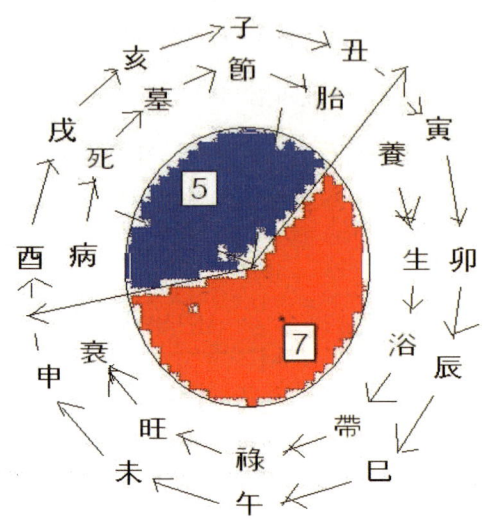

삼사가 만들어내는 12는 둘 다 시간적 변화를 하게 되면 12월을 나타내며, 지구에서 나타나는 계절적 변화이면서 우주에서 공통적인 순환의 움직임이다. 이로써 [10] 12지지인 子丑寅卯辰巳午未申酉戌亥의 12월의 의미가 부여된다. 또한 이것은 순환을 뜻하며, 만물이 성장하는 7단계와 만물이 휴식을 취하는 5단계로 구분한다.

위의 그림에서는 12월의 각각의 명칭과 함께 계절의 변화 모습으로 표현하기도 하지만 12운의 흥망성쇠의 모습으로 표현하기도 한다.

---

10) 12지지는 소양-태양-소음-태음이 4계절인 봄-여름-가을-겨울의 4계절이 되면서 각각에서 존재하는 천지인의 변화도 시간적 개념으로 배열되면서 12개월로 만들어진다. 그리고 각각의 이름을 붙인 것이 다양한 용도로 사용된다.

명칭	계절의 변화 모습
胎(태)	생명의 씨앗이 생기는 상황
養(양)	태반에서 생명을 키우는 상황
生(생)	세상에 처음으로 머리를 내밀며 태어나는 상황
浴(욕)	태어나면서 묻어나오는 오물을 털어내는 과정
帶(대)	청년으로 자라면서 독립된 개체로 성장하는 과정
綠(녹)	독립된 개체가 되는 과정
旺(왕)	가장 왕성하게 활동하는 시기
衰(쇠)	활동력이 다소 둔화되는 시기
病(병)	몸은 살아있으나 이미 정신은 다른 세상을 맛보는 때
死(사)	몸도 죽고 정신도 이미 다른 세상으로 간 상황
墓(묘)	다른 세상에서 쉬고 있는 상황
節(절)	쉬는 것도 끝나고 어떤 움직임도 기대할 수 없는 상황

따라서

1. 7개는 本이 되는 마음이 지배하는 상태

2. 5개는 無인 영혼이 지배하는 상태

이중에서 死墓節은 확실한 겨울의 시기로 활동하지 못하는 시기가 분명하지만 [11]病胎는 죽기 직전과 태어나기 직전의 가을과

---

11) 병태는 사묘절 죽고 묻히고 완전히 끝점에 있는 단계 외에도 앞뒤의 병과 태는 사실상의 휴식상태를 나타낸다. 사람이 잠에 드는 모습으로 본다면 잠이 드는 순간과 일어나는 순간을 말하는데 이때는 아직 잠이 덜 깨어진 상황으로 마음과 함께 영적인 부분도 작용력을 발휘하는 비정상적 순간이 된다.

봄의 상태이므로 마음은 이미 갈 길을 잃고서 방황하거나 준비하는 상태이므로 마음이 이미 떠났거나 아직 생겨나지 못했다. 本은 이미 움직이지 못하는 상황인 것이다.

결론적으로 運三四는 우주에 존재하는 만물의 기본단위이므로 모든 만물의 구성과 운행은 이 運三四가 그려주는 모습에 지배당하고 있다.

우주의 개념적 기운이 땅에 있는 토의 실물과 합해져서 12개의 모습으로 가시적으로 등장하는 것을 12지지로 표현되었다. 여기에는 피라미드의 모습과 유전자의 모습, 그리고 주식시장의 데이터가 그대로 투영되면서 현실에서 실물의 운영원리로 이용할 수 있다.

(8) 一妙衍 萬往萬來
(일묘연 만왕만래)

一이 妙하거나 (一)이 衍하면 萬往萬來한다.

사물(一)은 아주 작아지거나 너무 커지게 되면 넘치게 되면서 본성이 변하고, 아주 많은 일이 벌어지게 만든다.

妙衍의 뜻

妙를 [12] 파자하면 女 + 少로 나누어지는데 이것은 女란 陰을 표현하고 있고, 少는 작다는 뜻이지만 작아지는 변화의 의미를 가지고 있다. 그래서 妙는 陰이 더 이상 갈 수 없는 끝까지 작아지는 상태를 말한다. 온도가 낮아지는 절대온도를 섭씨 -273도라고 한다. 그 이상의 낮은 온도는 있을 수가 없으므로 작아지는 것은 그 끝에서 확실히 멈추게 된다. 그 이후는 온도가 다시 올라갈 일만 남은 것이다.

---

12) 파자, 옛날에는 대부분이 한자로 뜻을 전달했으므로 표의문자인 한자의 획수를 한 자씩 한 자씩 풀어서 의미를 해석하기도 했다. 주로 간결하게 뜻을 전달하려는 예언적 문장에서 많이 사용되었다.

衍을 파자하면 行 + 水로 나누어지는데 이것은 行이란 움직이면서 길을 간다는 표현이고, 水는 물이라는 뜻이지만 여기서는 움직이는 모든 개체를 뜻하는 것으로 보면 되겠다. 그래서 衍이란 한계를 넘어서 개체들이 너무 많아서 넘친다는 뜻으로 보면 되겠다. 妙衍이란 너무 작거나 너무 많아서 陰陽의 성격이 변화해야 하는 상태를 표현한다.

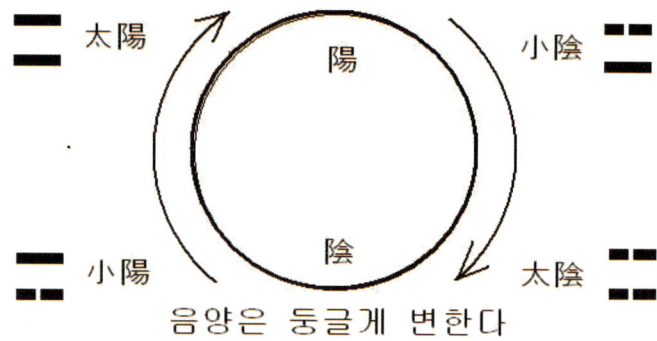

음양은 둥글게 변한다

극점에서의 필연적 변화와 이끌어줘야 하는 변화

그래서 위의 그림에서와 같이 지극히 작아져서 太陰의 극에 이르면 다시 小陽으로 바뀌거나 개체가 넘치고 넘쳐서 太陽이 少陰으로 바뀌어야 하는 경우를 설명한다. 음의 경우는 한계가 명확하므로 중간단계 없이 성격의 변화가 가능하지만 陽의 경우는 넘쳐서 변화해야 하지만 높은 온도는 1억도, 10억도 등으로 상한선이 없으므로 모든 것이 자연스럽게 少陰으로 넘어가지 않는다. 이 부분은 나중에 언급되는 오행론에서 별도로 설명되므로 이상 자세한 설명은 여기서는 생략한다.

따라서 '一妙衍 萬往萬來'는 一이 작아지고 커지는 아주 작은 변화가 음양을 바꿀 수 있는 큰 변화를 일으킨다는 뜻으로 해석할 수 있다.

(9) 用變不動本(용변부동본)

用하면 變하지만 不(用)이면 (不變)하는데 動本한다.

사용하게 되면 변하게 되고, 사용하지 않으면 변하지 않는데 이런 변화들이 本을 변화시켜서 궁극적으로는 無를 바꾸게 된다.

기본단위는 경험하면서 변한다

여기서는 앞에서 발생하는 실물의 변화에 대한 결론에 해당한다.

천지인 → 8괘 → 64괘 → 피라미드(기본단위)

이와 같이 다양한 변화를 겪으면서 탄생한 기본단위는 개별적으로 많은 환경의 변화를 겪으면서 시행착오와 함께 이어지는 시행착오의 극복과정에서의 심리적 변화와 신체적 변화의 필요성을 몸속에 있는 기본단위에 모두 기록하면서 기본단위의 정보가 바뀌게 된다.

기본단위는 DNA와도 비교할 수 있다

이러한 기본단위는 인간의 유전자 DNA와도 같다고 볼 수 있다. 내 몸속의 기본단위 중에서 정보를 수정할 것과 수정하지 않을 것을 분리한다. 그리고 이러한 수많은 변수들을 저장하는 과정으로 이해하면 쉬울 것 같다.

DNA에는 내가 지금 하고 있는 일과 관련하여 행동하고 생각하는 방법의 모든 정보가 저장되는데 본래 정보가 없던 것은 새로운 정보가 그대로 저장되지만 과거의 정보가 있어서 과거의 정보가 명령하는 대로 실행을 해서 실패했다면 시행착오를 겪게 되는데 이 경우에는 과거 정보를 수정할 수밖에 없고, 기록도 수정되어야 한다.

이 과정이 '用變不'로 표현되었지만 실제로는 '用變不用不變'의 생략된 글자이다. 내 마음의 시행착오 과정인 것이다. 기록되는 경우의 수는 앞에서 나타난 바와 같이

1. 대삼합 6개는 4 × 4 × 4 → 64개의 변수
2. 3 × 3 × …… 끝없이 이어질 수 있다.

시련을 겪으면 마음도 변한다

이렇게 하여 많은 경험이 누적되면 유전자의 변화에 의해서 자연스럽게 마음, 즉 本이 변하는 것을 보게 되며, 이것이 '動本'의 과정이다. 우리 인간도 자라날 때의 마음과 사회생활을 하고 난 뒤에

사람이 달라지는 것을 당연히 본다. 어릴 적과 같은 마음으로 세상을 살아간다면 당연히 부딪히고 깨지기 때문이다. 변하기 전의 本은 더 이상 유지되지 않으며, 卦가 변하면 本은 새로운 환경에 적응하기 위하여 변해야 한다는 것을 말해주는 것이다.

우주의 환경은 우리가 생각하는 것보다 아주 빠르게 변화한다. 시시각각으로 변화하는 환경에 적응하면서 살아가는 인간은 정해진 대로 똑같이 사는 것을 용납하지 않으며, 변하지 않으면 죽거나 사라진다고 볼 수 있다.

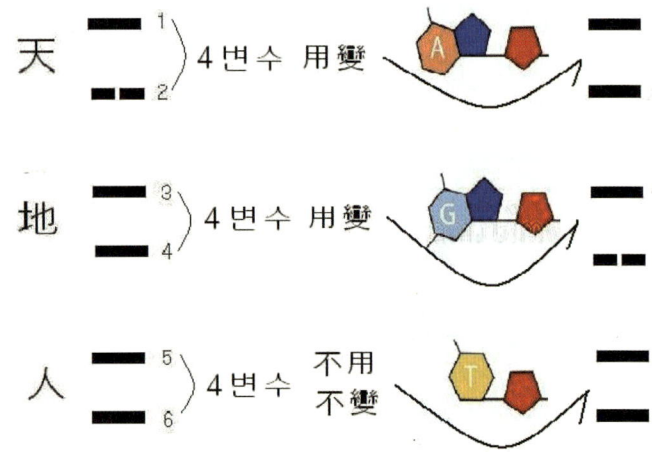

교육과 경험은 변화요인을 축적시킨다

인간은 어릴 때는 아주 순수한 생각과 마음을 가지고 있으므로 어떤 것을 보고 듣는가에 따라서 자라면서 인간의 인격이 형성된다. 무사의 직업을 가진 집안 환경에서 자라면 무사적인 측면에 감각이 발달하게 되고, 도둑의 집안에서 자라면 도둑질에 상당한 소질을 가지게 된다.

그래서 어느 정도 성장을 하여 사회에 나갈 때가 되면 자신이 자랄 때 가졌던 생각이 인간 마음의 바탕이 되고, 이것이 인생의 첫 선택지가 될 가능성이 많다. 그 환경에서 사회경험을 한다면 젊은 시절의 빠른 감수성으로 인하여 관련 분야의 지식과 경험을 익히게 되는데 일정한 기간이 지나면 대부분의 사람들은 그 분야에서 상당한 전문성을 가지게 되며, 권위자가 되지만 경험하지 않은 분야에 대해선 흥미도 없고, 능력도 없으며, 적응하는 데 상당한 시간이 소모된다. 이것이 선천적인 유전자와 교육의 영향이 될 것이다.

本은 혼자서는 변할 수 없는 無를 대신하여 변화한다

또 환경이 변하여 다른 환경에 살게 되면 일정한 기간을 거치면서 바뀐 환경에 적응을 하고 생각을 바꾸면서 직업도 바꾸고, 삶의 양식도 바뀌는 등 변화하는 것을 볼 수가 있다. 따라서 本이라는 것은 변할 수 없는 환경에 처한 無라는 존재와는 달리 변화가 가능한 순간까지는 언제든지 마음먹기에 따라서 本을 바꿀 수 있는 장점이 있는 것이다.

그래서 바뀌어진 本은 평범한 인간이라면 인간이 죽을 때가 되어서야 無와 깊은 연결을 이루면서 無를 바꾸게 되는데 이렇게 바뀌어진 상태를 無가 만족할지 못할지는 별개의 문제다.

문제해결은 수행을 통한 광명체험이다

本이 無를 살아있는 동안에 만나게 된다면 많은 지혜와 덕을 닦음으로써 그 無는 자신이 의도하는 모습으로 本이 만들어가기를 주문할 수가 있게 된다. 이것을 가능하게 해주는 도구가 수행이며, 다음 구절의 해설에서 수행방법이 나타난다. 마음을 바꿀 수만 있다면 세상에 할 수 없는 일은 없을 것이다. 그만큼 사람의 [13]마음이 유연해지기 어려운 것이다.

---

13) 마음이 유연해진다는 것은 언제든지 환경이 바뀌면 다른 사람을 배신하라는 뜻이 아니다. 다른 사람들에게 원한을 사게 되면 어둠이 쌓인다. 인의예지신을 지키면서 고정된 관점에 사로잡히지 않고 상황에 따라 마음을 바꿀 수 있는 것을 말한다.

(10) 本心本太陽 昻明
(본심본태양 앙명)

本은 心이고 本은 太陽과 같으며 昻明한다.

본은 마음이고, 본은 태양의 본성을 가지고 있으며, 밝음을 존중하고 우러러본다.

本이 무엇인가를 설명하는 부분인데, 여기까지는 현재 세상에서 팔괘로 대표되는 음양오행의 이야기를 마무리하고 본격적으로 인간의 삶에 대한 가치와 수행에 대한 이야기가 시작된다.

本은 마음이고, 본성은 밝다

本은 곧 마음이고, 그 마음이 추구해야 하는 목표는 태양과 같은 밝음으로 설정하고 있다. 천자문의 첫머리는 '[14]天地玄黃'으로 '하늘은 검고 땅은 누르다'는 뜻으로 하늘의 본성 자체는 검다는 것으로 표현한다. 이러한 검은 어둠을 밝히는 주체는 태양이며, 마음

---

14) 천지현황, 하늘은 검고 땅은 누르다. 천지의 모습을 표현한 말이다.

은 태양과 함께 태어나고, 태양과 함께 밝은 곳에서 역할을 한다는 것이다. 검은 하늘을 밝게 만드는 마음이 진정한 신, 즉 인간의 마음이다.

昴의 글자에서 日(태양)과 卯(우러러본다)의 파자는 태양을 우러러본다는 뜻이기도 한데 생명의 본질은 인간의 신체적 구성이 아니라 本, 즉 마음이라고 말하고 있으며, 本이 존재하고 활동한다는 것은 밝음이 있다는 말이고, 어둠이란 생명이 존재하지 않고 활동하지 않는다.

능동적 밝음과 피사체

明은 日(태양)과 月(달)의 파자로 이루어져 있다. 태양의 밝음은 스스로를 태우면서 능동적으로 밝아진 밝음이다. 세상을 밝힐 능력을 가진 것으로 만물을 생성하고 힘을 줄 수 있는 능력을 가지고 있고, 本과 태양을 앞에서와 같이 내세우면서 강조한 것은 이러한 능동적 밝음이 인간에게도 주어져 있다는 것을 말해주고 있다.

이러한 밝음은 달과 같은 피사체를 만남으로써 그 밝음이 세상에 드러난다. 태양이 이러한 피사체를 만나지 못하면 어둠을 밝히지 못한다. 그래서 밝음의 공식은 태양과 함께 지구나 달 등의 피사체를 가져야 비로소 밝게 비추는 역할을 완성한다. 빛을 반사시켜 밝아진 수동적 밝음과 이러한 피사체를 비추는 달과 태양은 어느 한쪽을 소홀히 하면 만물이 나타날 수 없을 것이다.

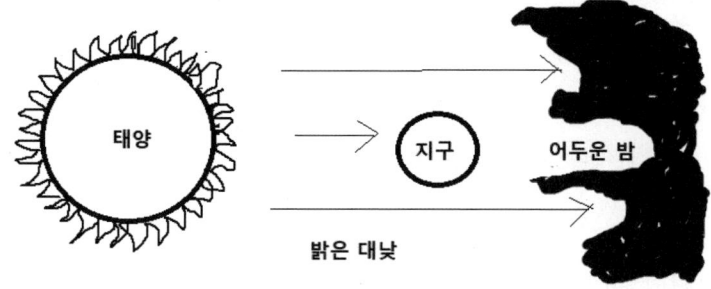

위의 그림에서와 같이 그믐날에 지구의 태양의 반대편을 본다면 내 뒤쪽에 분명히 태양이 있음에도 밤하늘은 깜깜한데 이것은 태양의 빛을 반사하는 달이 없기 때문이다. 다시 날짜가 지나서 보름이 되면 밤하늘은 보름달의 반사된 빛으로 인해 환하게 밝아진 밤을 보게 될 것이다.

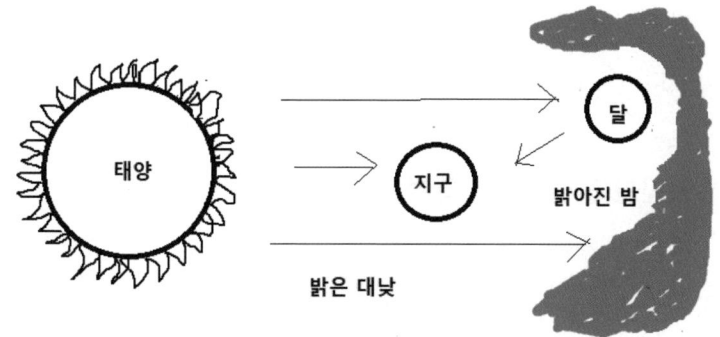

독선적 밝음은 외로움, [15]홍익인간의 필요성

이 단순한 논리적 구성이 천부경에서 나온 대한민국 건국이념

---

15) 배달국 개국이념으로 발달된 문명으로 널리 세상을 이롭게 한다는 뜻이다. 신시를 열었는데 이것이 소도로 추정된다.

인 홍익인간이다. 스스로 존재하는 태양이 아무리 밝아도 나의 밝음을 비춰줄 대상이 없다면 태양도 역시 소용이 없으므로 내가 태양과 같은 존재로 성장을 한다면 달을 비추듯이 세상을 비추는 존재가 되어야 한다는 것이다.

이러한 태양의 존재는 마음 心자와 함께 태양을 표현하고 있으므로 인간의 심장을 태양과 연결시키면서 태양신에 바치는 일부 지방도 있었던 것으로 나타나지만 이러한 폐습은 마음이란 부분을 인간의 심장으로 잘못 이해했던 일부의 어둠의 역사로 보인다.

[16]천부경의 전문을 이어받은 유일한 민족인 한국인은 이러한 인간의 마음에 대한 이해를 통해서 밝은 마음을 세상을 밝히는 정신적 차원의 문제로 이해하면서 홍익인간의 이념적 규범이 나타나게 되었다.

홍익인간을 위해서는 광명을 체득해야 한다

인간의 마음이 밝다고 해서 누구나가 홍익인간을 실행할 수 있는 것은 아니다. 먼저 스스로가 태양과 같은 밝음을 가지고 능력이 있어야 한다. 이 밝음을 가지기 위해서는 수행을 해야 하고 관련 지식과 능력이 있어야 하는데 이것을 '성통광명'이라고 한다.

---

16) 천부경의 전문은 한국인에게만 전해진 것 같다. 그러나 수메르 신화에서 나온 것으로 추정되는 기독교의 창세기나 단군신화의 설화나 태양신의 모습, 그리고 주역의 만들어진 과정을 보면 천부경 중에서 부분적인 모습만 보이고 전문을 수록한 것은 한국 외에 어디에도 없다.

따라서 '본심본태양 앙명'이란 문장에서는 먼저 '[17]성통광명'으로 자신이 능력을 갖추고 다음에 '홍익인간'을 하라는 가르침을 담고 있다. 자세한 내용은 수행론에서 논한다.

---

17) 성통광명(性通光明)은 홍익인간을 실행하려면 먼저 실력을 갖추어야 한다는 뜻이다. 스스로 빛을 밝히는 실력 있는 사람이 되는 것이 홍익인간에 우선한다.

(11) 人中天地一(인중천지일)

人의 中에 天地를 품은 (人)은 一이 된다.
사람은 천지를 품어서 하나가 되면서 완성의 경지에 이른다.

여기서는 人이 천지보다 앞서 표현되었다. 이것은 정해진 규칙과 본능에 의지해서 살아가던 사람이 지금까지와는 다르게 그 사람의 생각이 주어진 규칙과 본능보다 우선할 수 있을 만큼 그 사람 마음의 능력이 높아진 상태를 말한다. 無와 本은 이미 연결되어 있다.

궁극의 완성된 인간은 자연의 규칙도 바꿀 수 있다
주어진 규칙과 본능보다 本의 마음의 상태가 더 합리적인 방법을 만들어낼 수 있고, 그 사람의 本이 기존과는 다른 이치를 내놓고 움직이게 하더라도 만물이 유기적으로 작용하는 세상의 이치를 전혀 거슬리지 않을 수 있을 만큼의 완벽하게 이치를 바꿀 수가 있다면 이미 그는 신의 경지에 도달한 것이라 볼 수 있다.

인위적으로 세상 이치를 바꾸게 되면 세상의 많은 일들이 뒤틀리면서 부작용이 심각하게 발생하고, 이것을 바꿈으로 인해 발생되는 결과물은 본인의 안전뿐만 아니라 주변의 많은 사물들의 안전까지도 궁극적으로 위협하게 되므로 평범한 인간으로서는 그러한 능력을 가질 수가 없다.

이것은 인간의 분명한 한계이나 그 사람의 無가 本과 함께 연결되면서 궁극의 경지에 도달한 無라면 그의 本은 그가 할 수 있는 능력의 조화를 감당할 수 있는 것이다. 현실세계에서 살아있는 하느님의 능력을 가진 사람이 되는 것이고, 그가 하는 모든 일들은 신의 손길과 같아지는 것이다. 이런 상황을 최상의 '人中天地一'이라고 한다.

예수나 석가도 궁극적인 완성에 이르지 못했다

이 단계는 인간 수행의 궁극적인 목표가 되지만 수만 년을 지나도 이러한 목적을 이루는 사람은 그렇게 많지 않다. 이러한 이치를 알고 하느님이 세상에 부여한 이치를 어기지 않고 부득이하다면 피해갈 수 있는 능력 정도까지만 가지며, 다른 無에게 좋은 영향을 주는 本이 되는 것만으로도 그의 無는 이러한 단계의 목표에 1차적으로 도달한 것이다.

인간은 이런 1차적인 정도에 이르지는 못해도 이런 수행을 해 본 사람은 일반적인 사람과는 다른 인생의 행보를 걸을 수밖에 없다. 예수나 석가모니를 높은 수준의 경지를 얘기하지만 그들은

100년을 넘기기 못하고 모두 세상을 떠났다. 규칙을 바꿀 수 있는 능력이 없었기 때문으로 판단했다.

완성을 위한 행보

자신의 無를 本과 연결시켜야 하겠지만 마음을 공부시키기 위하여 本이 해결하지 못하는 문제들을 無가 끊임없이 천상의 다른 無의 존재들과 대화를 하거나 정보를 취득해야 한다. 자신의 無가 스스로 수행을 해서 無 또한 수직적 차원이 더 높은 곳으로 발전하도록 만들어서 本에게 영감을 주어서 本을 단련시키고, 지기를 받은 인간의 신체도 無가 포기하지 않을 정도의 건강한 신체로 만들어주거나 유지시켜야 한다. 현재의 병들고 찌들어버린 몸으로는 깨끗한 기운의 접근을 감내하기가 어렵다.

우주에는 밝은 빛을 발하는 태양만 존재하는 것이 아니기 때문에 어둠의 존재에 빠지게 되는 것을 경계해야 하는데 이것을 알아차리는 것을 자칫하면 소홀히 할 수 있다.

완성 후의 행보

이건 알 수가 없다. 사람이 1차적으로 완성된 인격체가 되면 더 이상의 윤회는 하지 않고 완성된 인격체로 우주의 일부로 남게 된다고 한다. 인간과는 [18]수직적으로 높은 곳에 위치한 無가 되면서

---

18) 수직적으로 높은 차원의 無는 우리는 지금 인간 차원의 無에 머물러 있지만 우리가 말하는 창조주는 태양계와 관련한 인간과는 비교가 안 되는 큰 無이다. 이런 수준으로 발전한다는 뜻이다.

혼돈에 빠진 다른 우주가 있다면 거기에서 새로운 우주를 창조하면서 스스로 새로운 하느님이 되기도 한다고 한다. 여기서 실패하면 일종무종일의 다음 단계로 가서 또 다른 기회를 찾아서 움직이게 된다.

(12) 一終無終一(일종무종일)

一終하고 無終하면 一로 돌아간다.
실물이 죽으면 실체가 없는 것도 죽게 되며, 아무것도 없는 一이 되어 다시 시작한다.

'人中天地一'에서 마지막에 一이 있음에도 '一終無終一'에서 제일 앞에 一이 중복되어 나타난 것은 앞의 一과 뒤의 一은 뜻이 다르다는 것을 말한다.

'人中天地一'의 一은 완성된 一을 뜻하지만 '一終無終一'의 처음 一은 완성되지 못한 一이 되고, 두 一은 갈 길이 다르다. '一終無終一'의 一은 완성되지 못한 一을 뜻하므로 終의 단계로 온 것이다.

 이 상태에 오게 되면 인간의 몸체는 죽게 되면서 '一終'이 되고, 인간의 몸체가 죽으면 本은 사라지고 無가 전면에 나서게 되며, 本이 노력하여 얻은 많은 지식과 경험들은 無에 전달되어 저장된다.

 보통사람들은 이때가 되어서야 本이라는 마음은 無의 존재를 인식하게 된다. 수행했던 사람들은 '一終'이 일어나기 전에 알고 있었겠지만 일반적인 경우는 아니다.

 '無終'은 無도 끝이 있다는 말인데 천부경의 81자는 一이라는 실체가 움직이는 과정을 표현한 경전이므로 無가 一의 생장과정이 완료되면서 주체적으로 나서지 못했던 無도 자신이 활동하는 영역으로 들어와서 활동한다. 無도 자신이 가진 에너지를 모두 잃게 되면 모두 흩어지는데 이것이 '無終'이며, 1도, 0도 아닌 혼란 상황으로 접어든다. 이것이 마지막 一의 모습이다.

마지막 一과 첫 一의 차이

 따라서 '一終無終一'의 마지막 '一'과 '一始無始一'의 첫 '一'과는 다른 의미를 가진다. 마지막 一은 모든 것이 사라진 공간이 되며, 실물도, 에너지도 구분하지 못하는 혼돈의 상태이지만 첫 一은 형태가 갖추어진 실물을 의미하므로 첫 시작은 혼돈이 끝나는 마지막 혼돈에서 다시 一에서 시작되는 것이다.

제4장
음양오행의 배경인 천부경

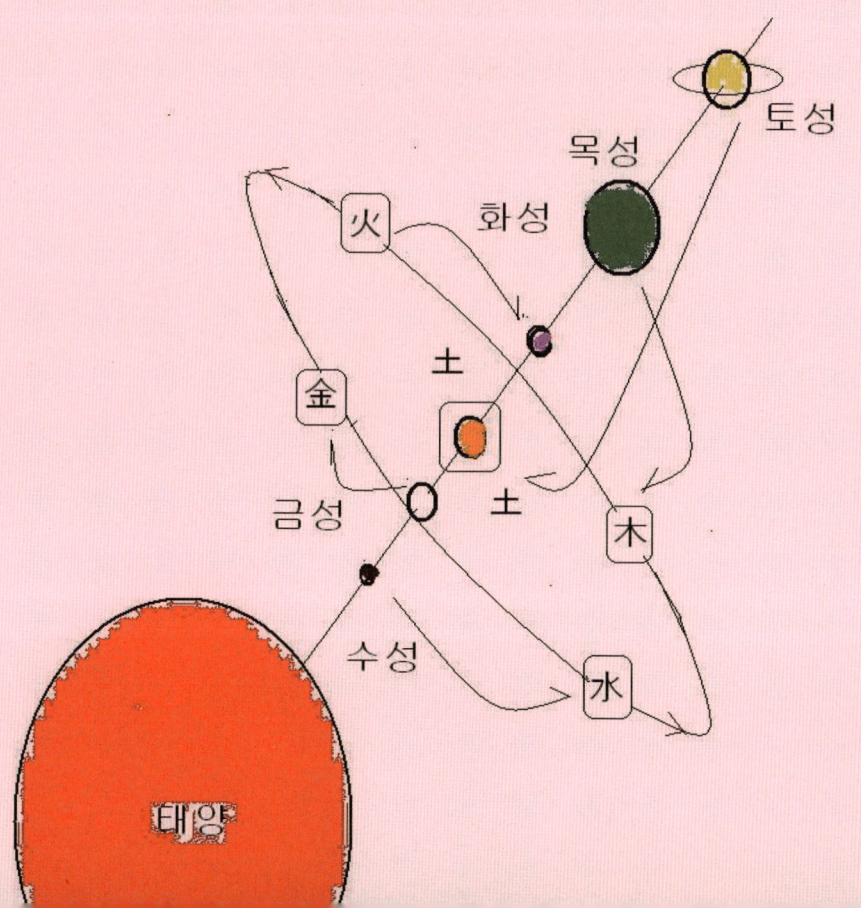

(1) 음양이론이 처한 현실

우리는 살아가면서 음양이란 말을 자주 듣고 살아가지만 음양의 뜻을 정확하게 알고 있는 사람은 그리 많지 않다. 이 용어가 처음 생겼을 때는 당연히도 정확한 용어와 정확한 뜻을 새길 수 있었겠지만 이후에 많은 학자들이 용어의 해설에서 약간의 실수가 누적되면서 현재는 일부에서는 전혀 다른 의미로 사용되고 있는 것을 볼 수 있고, 서적에서도 잘못된 개념이 간혹 나타나는 경우를 본 적도 있다.

음양이론은 실물의 변화가 기본

그러나 음양의 이론은 모호한 개념이 아니다. 애초에 탄생부터가 실물과학을 바탕으로 만들어진 이론이기 때문이고, [19] 한국인이 만들어낸 이론이기 때문에 한국인이라면 쉽게 접근할 수 있는

---

19) 음양오행이 한국인이 만들었다는 근거는 천부경이다. 태호복희의 팔괘도 천부경에서 나온 것이고, 천부경은 환인이 환웅에게만 주었던 문명의 표식이었다.

환경적 바탕이 갖추어져 있다. 단지 어렵게 느끼는 것은 태생과는 달리 음양이론은 인문학을 위주로 다듬어지고 날개가 만들어지는 과정이 고대로부터 진행되어 왔기 때문이다.

물론 음양이론이 인문학적으로 사용되는 것이 틀리다는 건 아니다. 매사에 치우칠 만큼 지나치게 한쪽으로 경도되는 것이 문제일 뿐이다. 이것은 음양이론이 얼핏 보기엔 음양의 두 가지의 문제만을 전부로 생각하기 쉬운데 실제로는 음도 아니고 양도 아닌 상태가 엄연히 존재한다. [20]중간단계를 유학에서는 중용이라고도 하지만 가장 중요한 뜻을 가지는 음양이론의 핵심이 된다는 사실은 이미 앞에서 설명된 바와 같다. 이것은 인문학에서뿐만 아니라 자연과학에서도 마찬가지다.

음양이론이 인문학적인 부분에서 중간단계를 표현한 용어가 대표적으로 중용이다. 지나치게 경도되지 않은 중간자적인 상태를 말한다. 중간이란 음도 아니고 양도 아닌 아무것도 아닌 것으로 치부할 수 있지만 반대로 음과 양을 둘 다 포용하는 지도자적인 위치를 점할 수도 있는 것을 말함으로써 제왕의 자리를 뜻하기도 한다.

중용을 잃은 동아시아는 몰락

자연과학과 사회과학 사이의 중용 역시도 근대의 동아시아는 사회적인 패권주의를 중시함으로써 인간의 개인의 개성이 말살된

---

[20] 이 중간단계는 음양이 움직이는 존재라면 움직이지 않는 존재인 정적인 존재를 뜻한다.

채로 왕권의 강화 등 소수집단의 통제와 소수집단의 이익을 지나치게 보호하는 사회를 버리지 못하였다.

반면에 서양은 사회개혁과 자연과학 문명의 발달이 진행되면서 알게 모르게 중용을 유지한 서양에게 동양이 뒤처지는 결과를 낳았다. 또한 동양은 그렇게 중점적으로 발달시켰던 사회적 분야에서도 서양에 비해서 뒤처지는 몰락을 경험한다. 결국은 양쪽 날개가 균형을 맞춰서 성장해야만 정상적인 발전을 이룬다는 사실을 비싼 대가를 치루면서 알게 된 것이다.

인간의 본성을 억압하면 창조능력이 사라진다

사회가 양면의 동시 성장을 못하고 사회가 공자사상과 성리학에만 치우치게 되면 인간의 본성이 억압되는 비정상적인 결과를 낳게 되며, 이것은 기독교의 종교적 논리가 세상을 지배하던 서양의 중세 암흑시대가 만들어낸 결과와 비슷하다. 그러면서 인간의 창의력이 사장되는 결과를 만든다.

따라서 음양론을 본래의 의미를 새기면서 자연과학적 관점과 사회과학적 관점을 동시에 중시하면서 사회적 분위기를 형성하는 것은 음양론의 관점에서 아주 중요한 일이 된다.

자연과학을 하는 사람들도 사회과학적 관점을 무시하면 인간사회가 진정으로 필요한 것이 무엇인지 가려서 창조해야 하는 본래의 책무를 빗나간 상태로 이해하기 쉽다. 자칫하면 그 역시 인류사에 문제를 발생시킬 가능성이 있는 것이다. 따라서 인류사회는 음양론의 본질인 중간의 황색지대를 능동적으로 점유해야 하는 이유가 되는 것이다.

(2) 음양의 개념

천부경에서 '析三極'의 구절에서 음양의 개념이 처음으로 나타나는데 세 개로 나누어지는 것 중에서 두 개는 눈에 보이는 실체가 있는 것이고, 한 개는 실체가 없는 것이다. 실체가 있는 두 개는 역시 세 가지의 측면에서 생각해볼 수 있다.

1. **시간적 실체는 과거 + 미래 : 실체가 없는 현재**
2. **공간적 실체는 천 + 지 : 실체가 없는 인**
3. **운동의 실체는 팽창 + 수축 : 실체가 없는 정적 상태**

위 세 가지 모두가 음양을 뜻하지만 그중에서도 특히 움직임에 관련된 것으로 음양을 설명해보면 음은 수축, 양은 팽창을 말한다.

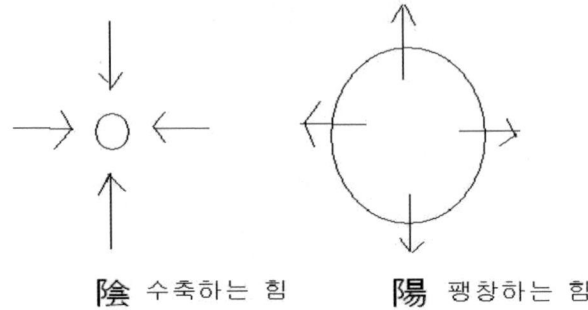

陰 수축하는 힘   陽 팽창하는 힘

　음은 시작과 끝을 알 수 있지만 양은 시작은 알 수 있어도 끝은 정해지지 않아서 알 수가 없다. 靜이란 움직이지 않고 그냥 고요히 있는 상태를 말하므로 음양과는 별개의 움직임이다. 천부경에서 '一始'는 一이 시작점이라는 것을 말한다. 가장 움츠려 있는 一은 세상의 출발점이면서 가장 수축된 상태가 분열을 시작하는 지점이므로 음에서 시작한다.

　과거로부터 현재까지 지속적으로 수축의 힘이 작용하여서 가장 수축된 상태인 음은 더 이상의 수축시킬 힘이 남아있지 않게 되면 이제는 팽창할 수밖에 없는데 이 팽창활동의 시작점이 一이다. 여기서 출발한 一은 바로 팽창하게 되면서 힘을 발산하는 것이 양의 운동을 나타내는 것이다. 양으로 표현되는 팽창은 무한히 응축된 수축이 없이는 양이 작용할 수가 없다. 수축되는 힘이 클수록 팽창의 힘은 커진다.

음양 전환은 정적 상태를 반드시 지난다

　一은 수축이 완료된 상태의 수축운동의 마지막을 의미하므로 음이지만 팽창운동을 시작하는 첫 지점이므로 양이기도 하다. 수축과 팽창이 전환되는 과정에 수축도 팽창도 아닌 움직임이 없는 정적인 상태가 여기서도 등장한다.

이 靜적 상태는 앞에서 '실체가 없는'으로 표현된 無의 상태로 볼 수 있다. 즉, 一은 陰陽으로 움직이지만 이러한 전환을 위해서는 無의 상태를 반드시 거쳐야 한다. 여기서 음양의 전환이 순식간에 일어난다 하더라도 無가 존재하지 않는 것이 아니다.

음에서 양으로 전환은 변화가 적다

음양을 온도로 비교를 해보면 온도가 낮아지면서 최대한으로 낮아져도 우주에서 최저온도인 절대온도인 -273도보다 더 낮아질 수는 없다. 이보다 더 낮아지기 위해서 에너지를 추가로 더 감소시키면 오히려 이것을 반발의 기회로 삼아서 반대로 튀어 오르게 될 것이다. 음에서 양으로 넘어가는 과정은 아주 변화가 적은 상태인 거의 움직임이 없는 상태인 정적 상태를 지나는 것이다. 단지 큰 저항이 없다는 것뿐이다.

양에서 음으로의 전환은
중간단계가 필요할 정도로 변화가 크다

반면에 최고온도로 가는 데는 한계가 없어서 1,000도 → 1,000만도 → 1억도 등 에너지만 주어진다면 끝없는 온도 상승이 일어날 것이다. 이 상황에서는 더 이상 온도가 팽창하지 못하도록 강제적으로 멈추게 하는 靜이라는 과정이 필요하게 된다.

1. 양이 음으로 가는 과정, 양(陽) → 정(靜) → 음(陰)
2. 음이 양으로 가는 과정, 음(陰) → 양(陽)

이러한 정적인 단계는 이후에서 나올 사상에서 오행의 개념으로 변화하는 핵심이 된다.

(3) 사상으로의 분화

앞에서 나타난 음양은 분화 및 발전하면서 음은 음의 시작과 음의 극성기, 양은 양의 시작과 양의 극성기로 구분할 수 있으며, 이 네 가지의 상태를 사상이라고 부른다. 이 사상부터는 음양의 단순한 이론적 상태에서 벗어나서 우주와 만물에 직접 물리적으로 작용하게 된다.

1. 小陽 : 陽의 출발점, 가장 강력한 힘을 분출 → 목성
2. 太陽 : 陽의 크기가 가장 커지는 시기 → 화성
3. 少陰 : 陰의 출발점, 가장 강력한 수축력 → 금성
4. 太陰 : 陰의 크기가 가장 커지는 시기 → 수성

이 네 가지는 내가 살고 있는 지구에서 실제로 겪고 있는 상황으로 태양계의 행성 간의 인력을 지구를 중심으로 계산해보면 다음에 나오는 도표와 같다. 태양계 천체의 모습에서는 행성의 배열과 거리에 따라서 4개 행성의 영향력이 달라지고 인력의 크기에 비례하여 사상이 작용하는 변화의 모양이 달라진다.

사상	행성	평균힘	지구에 주는 힘의 크기	
			최대힘	최소힘
소음	금성	5.9	11.51	0.29
태음	수성	0.09	0.15	0.03
소양	목성	13.18	18.07	8.29
태양	화성	0.21	0.39	0.02
토	토성	1.08	1.3	0.85
토	지구	1		

이 4개의 행성은 사상으로 대치할 수 있는데 천체뿐만 아니라 땅에서도 이 영향을 받아서 사상의 모습이 나타난다. 땅에서 나타나는 부분은 육기에서 언급된다. 사람에게 사상이 투영되면서 사상의학이 만들어지기도 했으나 이 책에서는 언급하지 않는다.

(4) 오행의 형성

 천부경에서 無를 제외한 一이 분화하면서 음양이 되고, 사상이 되었는데 무는 분화가 아닌 스스로 변신을 하면서 本이라는 개념으로 바뀌어 나타났다. 그래서 2개의 양과 2개의 음, 그리고 토성인 토가 합해져서 오행이 된다.

중간 매개체가 토가 되면서 1행 추가
 음양론의 말미에 미리 언급되었다시피 사상의 운행에서 음의 운동인 수축은 그 끝을 알 수가 있고, 끝이 있으니 자연스럽게 다시 팽창으로의 전환이 가능하지만 팽창이 진행 중인 태양은 팽창의 그 끝을 알 수가 없어서 중간의 매개체가 없으면 소음으로 진행할 수가 없다.

 양은 계속 팽창을 하면 가지고 있던 본질도 희미해져서 물체가 가진 본성을 잃어버릴 우려가 있으므로 그 본성을 잃기 전에 팽창을 멈출 매개체를 필요로 한다. 이 매개체가 정지작용을 하는 토라고 부른다. 따라서 전체 순환의 개념에서 사상의 움직임을 보면 아래와 같다.

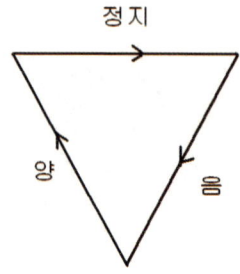

음양이 적용되면

음(陰) → 양(陽) → 정(靜) → 음(陰)

陰-金水, 陽-木火, 靜-土

사상이 적용되면

소양(木) → 태양(火) → 靜(土) → 소음(金) → 태음(水)

오행은 이와 같이 사상이 토와 가세하여 오각형으로 상징된다.

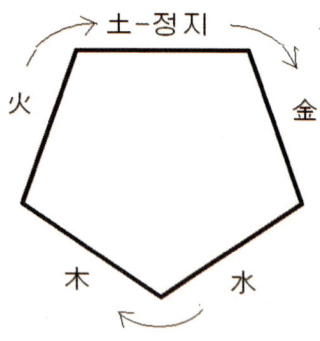

土, 五行 → 지구가 태양에 미치는 힘을 1.0로 보았을 때

토성이 지구에 미치는 1.08의 힘 (1.29-0.85)

앞에서 보는 바와 같이 지구가 태양에 미치는 힘과 토성이 지구에 미치는 힘이 거의 비슷하며, 최대치와 최소치의 차이도 작으며, 일정한 힘의 분포를 보여준다. 이것은 토성도 지구와 함께 정지 역할을 충분히 수행할 수 있음을 보여준다.

반면에 목화금수성의 최대치와 최소치는 상당히 큰 차이를 보이며 변화하는데 이것은 오행 중에서 사상이 하는 역할은 지구의 환경에 변화의 영향을 미친다는 것을 말해준다고 보인다.

이와 같이 사상의 변화는 태양계의 인력의 움직임과 관련성이 많다는 것을 추정할 수 있고, 정지개념인 토가 추가되면 오행이 만들어진다.

四象 + 土 → 五行

별도로 언급될 태양과 달의 문제는 차치하고 수성, 금성, 화성, 목성, 토성의 다섯 개의 행성이 지구 가까이서 돌고 있으면서 멀어지고 가까워지는 것을 반복하고 있는 이러한 별의 움직임이 지구에 다양한 변화를 주고 있으면서 그 세부적인 작용들을 관찰해보면 수성과 금성은 지구 내부를 돌고 있으면서 수축의 영향을 보조하고, 화성과 목성은 지구 외부를 돌면서 팽창의 역할을 보조한다.

토성은 오행성 중 가장 바깥쪽을 돌면서 마치 팽창의 범위를 정해주는 것 같은 위치에 서 있고, 토성의 주위를 돌고 있는 뚜렷한 띠 모양은 지구와 같이 위성의 영향이 아주 강해서 행성과 위성의 힘이 균형을 이루고 있다는 것을 나타낸다고 보인다.

또한, 소음 소양의 움직임에 해당하는 금성과 목성은 오행성 중에서 인력의 크기가 상대적으로 큰 것은 수축과 팽창의 강도는 상당히 강해야 음양전환, 양음전환의 전환기를 극복할 수 있을 정도가 될 것이다. 태음과 태양에 해당하는 수성과 화성은 인력의 힘이 비교적 약한 것은 방향전환이 아닌 음과 양의 현상유지 역할을 수행하므로 강도가 약하더라도 충분히 역할을 감당할 수 있다는 뜻으로 보인다.

(5) 오행론과 십간

앞에서와 같이 목화토금수의 오행이 이루어졌다. 이 오행은 하늘에 영향을 미칠 수도 있고, 땅에 오행의 기운이 미칠 수도 있는데 오행론이란 하늘에서 미치는 영향을 말하며, 아직 개념적 활동이다.

소양인 목
목은 분출하는 기운으로 수의 응축이 더 이상 작용할 수 없는 한계점에서 응축하던 방향과 반대 방향으로 분출하는 기운으로 폭발적으로 나타나는데 눌려진 크기에 따라서 분출되는 힘의 세기가 달라진다. 기운을 분출하게 되므로 그 강도로 성격을 측정한다. 지속적으로 분출하고 나면 분출력은 약해지는데 이런 가운데서 목의 기운은 더 이상 유지하지 못하고 강도가 약한 화의 기운으로 전환해야 팽창을 뜻하는 양의 성격을 유지할 수 있으므로 결국은 목의 분출력을 이용한 화가 탄생되는 셈이다.

태양인 화

화는 자신의 크기를 확장시키는 힘의 종류로 너무 많이 팽창하게 되면 자신의 모습을 잃어버리게 된다. 그러나 이미 화가 소양에서 강력한 분출을 행하였으므로 남은 에너지를 감안하여 크기를 성장시켜야 한다. 그래서 화는 강도를 강하게 유지할 수 없고, 화가 확장되면서 너무 심하게 움직여 화의 본래 모습을 잃어버린다면 파멸적 상황이 되므로 정지기운을 필요하게 되면서 토의 기운이 나타나게 된다.

화는 팽창하는 성격을 크기로서 표현하게 된다. 열기가 분출된 이런 상황에서는 금이 녹아버려서 직접적으로 금이 나타날 수 없으므로 중간단계인 토가 필요하게 된다.

안정된 모습을 상징하는 토

토는 토성이 오행성 중 가장 바깥쪽에 위치하는 것처럼 더 이상 확장되는 것을 멈추게 하는 성격을 가지고 있다. 더 이상의 팽창을 중지시켜서 양의 형태를 잃어버리지 않도록 그릇에 가두고 수축될 때까지 팽창된 화의 뜨거운 열기를 천천히 식히는 역할을 한다. 화가 담겨있어서 뜨거워진 토는 처음에는 거의 액체상태를 가지며, 아주 천천히 식게 된다면 무거운 것은 가라앉으면서 조직은 치밀해지고 고체화되면서 금을 만들어낸다.

천천히 식지 않고 빨리 식어버리는 금수의 성격을 바로 만난다면 단단한 금을 분리하지 못하여 금을 생산해내지 못하게 된다. 푸

석푸석한 흙의 형태가 계속될 것이므로 토의 정지상태라는 움직이지 않는 성격은 토의 아주 중요한 작용으로서 토 역시도 토의 성격을 그대로 이용하여 금을 만들어낸다.

팽창할 때는 모든 것이 함께 팽창하면서 다 함께 이루어지지만 금을 생산할 때부터의 수축기에는 많은 것들이 선별적으로 이루어진다. 모든 것이 함께 금으로 진행되는 것이 아니고 금이 될 만큼의 무겁고 단단한 것만을 중심으로 금이 생성이 되며, 나머지는 토로서의 기능을 그대로 가지는데 남겨진 토는 금을 보호하는 역할을 하는 토로서의 기능을 그대로 유지한다.

소음인 금

금은 수축하는 기운으로 화의 기운이 토에 의해서 완전히 쇠퇴하면서 자격을 갖춘 토의 일부가 강력한 수축의 성격을 가지는 단단한 금이 나타나는데 이것을 식물로 본다면 열매의 형성시기로 볼 수 있다. 토의 작용으로 성장이 멈추면 그동안 다른 곳에서 성장에 사용하던 에너지들이 열매 쪽으로 급속하게 뭉치기 시작하는데 이런 작용이 수축활동이 되는 것이며, 금이라고 한다.

태음인 수

수는 금의 수축하는 성질을 지속하면서 음의 크기를 지속적으로 축소시키는데 쇠의 날카롭고 수축시키는 성격은 아직 온기가 남아있는 에너지를 응축시키면서 수를 생산해낸다. 이것을 식물로 본다면 뭉쳐진 열매에서 씨가 만들어지는 과정이다. 그러나 이미 열매의 근거는 태양의 시절에 만들어 놓았다. 단지 씨앗의 목표인 겨울을 지날 수 있는 식량을 준비하지 못했을 뿐이고, 크기를 줄일 수 있는 단단하게 여물지 못했을 뿐이므로, 이제 금의 시기에 필요한 식량이 비축되면서 응축되면 길고 긴 겨울의 황량함에 씨앗의 봄, 즉 소양을 예비한다.

우주의 목적은 영원히 사라지는 것이 아닌 영원한 생존이기 때문이다. 여기서도 역시 열매 중에서 대부분은 버리고 지극히 필요한 부분만 남김으로써 함축된 일부만 선별되어진다. 결국은 수축의 시대는 선별과 응축의 과정이 된다.

十干 - 甲乙丙丁戊己庚辛壬癸
음양 → 사상 → 오행 → 십간

오행에는 음양이 존재한다. 목화토금수의 행성은 각각의 위치에 따라서 지구에 강한 영향을 미치기도 하고, 멀리 있어서 보이지 않는 힘을 보내기도 한다. 이것이 오행의 변화의 기본으로 음양으로 표현하면서 오행은 열 개의 기본적인 움직임으로 표현되면서 십간이라 한다.

이 십간은 하늘의 뜻에 따라서 목화토금수의 순서로 배치되며, 천부경의 '일적십거 무궤화삼'에서 언급했듯이 위 오행의 배치는 계절적인 고려 없이 순서대로 돌아가면서 무작위로 배치되므로 天干의 성격은 땅의 변화와 별도로 움직인다. 추가하여 지구에서의 십간은 행성의 배열로 볼 때 다소 엉성한 면이 있는데 뒷부분에서 다시 거론될 것이다.

(6) 육기론과 십이지지

하늘의 기운을 표현한 오행은 실체가 보이지 않는 개념의 상태로 존재하는데, 이 오행이 땅에 내려와서 지구와 섞이게 되면서 실체로서 형체를 갖추게 된다. 목화토금수의 오행과 지구 본체의 중앙 토를 추가하게 되면서 여섯 개가 되면서 육기가 된다.

五行 + 地球(土) → 六氣

육기가 다시 최근접점과 최원점의 음양으로 나누어지면서 6 × 2 → 12개의 氣가 생기며, 이때 십간과 다른 점은 토가 4개가 된다는 것이다.

육기는 하늘과는 달리 무겁고 탁한 땅에서는 오행의 기운이 한번 물들게 되면 쉽게 다른 모습으로 바꿔지지 않는다. 그래서 토가 4개가 있어서 목화금수의 사상에 골고루 분포되면서 계절의 변화를 돕게 된다. 즉 계절이 바뀔 때마다 토의 정지작용을 통해서 성격의 변화를 도모하는 특징이 생기게 된다.

　육기는 태양과 달의 사이에서 지구가 공전과 자전을 규칙적으로 반복하게 되는 성격의 틀에 맞춰진 모습으로 육기가 일정한 틀에 갇히게 되고, 이것은 끊임없이 변하는 음양이 가세하여 12가지의 모습으로 변하게 되면서 천부경의 '운삼사성환오칠'에 따른 생장염장의 사계절의 모습을 가지게 되는데, 이때 토의 모습 4개는 묘한 역할로 목화금수의 변화를 성격의 충돌 없이 원만하게 순환하게 하여준다.

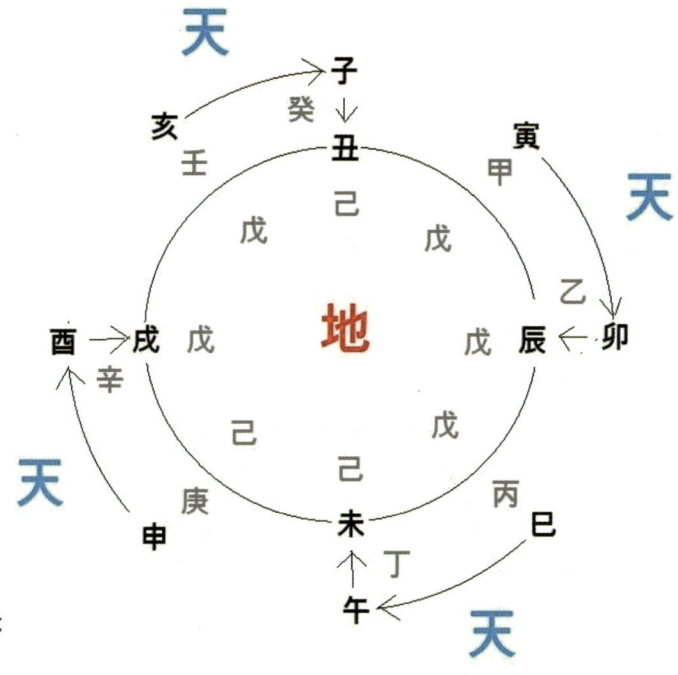

　이 네 개의 사상은 각각의 독립적인 개체이지만 시간적으로는 별도로 존재하는 것이 아니라 유기적인 연결체로서 4개가 한 개로

제4장 음양오행의 배경인 천부경

존재한다. 그러나 이 사상은 공간적으로는 별도의 모습을 하고 있는데 공간적인 모습은 천지인의 세 가지가 합해진 형상이므로 각각의 사상에 3이 곱해지면 시간과 공간적으로 12개의 모습으로 운행하게 된다.

이것이 천부경에서 나오는 '운삼사'의 개념이다. 즉 '운삼'은 공간적인 운용이고, '운사'는 시간적인 운용이 되는 것이며, 천지인과 음양의 만물 변화의 기본개념임을 말해주고 있다.

寅申巳亥 → 미래지향적 성격
子午卯酉 → 현재충실형 성격
辰戌丑未 → 과거정리형 성격

丑未의 토성의 힘은 반전의 역할로 작용
辰戌은 지구 자체의 힘으로 연장의 역할로 작용

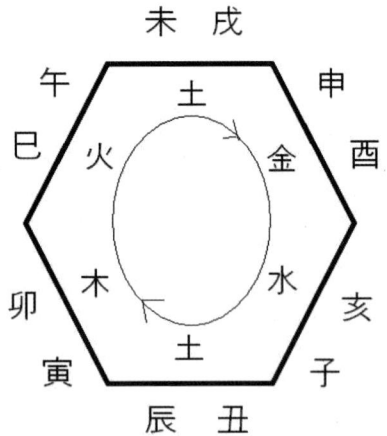

十二地支 - 寅卯辰 巳午未 申酉戌 亥子丑

음양 → 사상 → 오행 → 육기 → 십이지지

이런 상황에 의하여 12지지가 나타난다.

〈寅卯辰〉

〈巳午未〉

〈申酉戌〉

〈亥子丑〉

육기의 세부 성격을 알아보면서 토에 대한 해석을 보면

지구의 토, 앞의 기운을 받아서 더 성장시키는 역할
→ 목의 자리에서 화를 생성하기 위하여 수를 제거하고
  화의 연료가 되는 乙을 남겨둔다.
  辰土 = 戊 + 癸乙

→ 금의 자리에서 수를 생성하기 위하여 화를 제거하고
  수의 근원이 되는 辛을 남겨둔다.
  戌土 = 戊 + 丁辛

토성의 토, 앞의 기운이 진행하는 방향을 전환하는 역할
→ 화의 자리에서 팽창하는 모든 기운을 제거한다.
  未土 = 己 + 乙丁

→ 수의 자리에서 수축하는 모든 기운을 제거한다.
  丑土 = 己 + 辛癸

소양이 되는 목기는 인묘가 나타나는데 인은 이제 막 차가운 겨울의 끝자리에서 벗어나서 따뜻한 열기가 절대적으로 필요한 시점으로 땅이 따뜻해지면서 씨앗은 발아하기 시작한다. 잠재된 양의 분출은 매우 힘이 많이 소요되는 힘든 과정이다.

寅 = 甲 + 丙戊

묘는 이미 궤도에 오른 양의 분출력으로 오로지 팽창만 하면서 소양은 방해받는 것 없이 오직 성장만을 유지한다.

卯 = 乙 + 甲

태양인 화기는 사오로 나타나는데 사는 진토에서 목기를 받아서 불이 붙기 시작한다. 불을 붙이기 위해서는 나무를 죽여서 잘라주어야 정상적인 연료가 되어서 불이 쉽게 붙는다. 땅속에서 불이 붙기 시작하는 상황이다.

巳 = 丙 + 庚戊

오는 사에서 붙인 불로 오로지 팽창하는 데만 전념해야 하지만 다른 오행에서와는 달리 화는 끝없는 팽창을 항상 염려하여 팽창을 견제하는 토성의 토로서 일정한 범위를 정해주는 경계를 한다.

午 = 丁 + 己丙

소음으로서의 금은 신유로 나타나는데 신은 이제 막 뜨거운 토의 상태를 벗어나서 수축하기 시작한 상태로 화를 완전히 제거하기 위하여서는 수를 필요로 하며, 여전히 토성의 테두리를 벗어나지 못하도록 토가 영향력을 행사하고 있다.

申 = 庚 + 壬己

유는 이미 수축을 시작한 양의 수축력을 오로지 수축하는 데만 전념한다.

酉 = 辛 + 庚

태음으로서의 수는 해자로 나타나는데 해는 술토로부터 신금의 도움을 받아서 마지막 씨앗을 형성하기 위하여 노력하며, 그 씨앗은 소양의 핵이 되는 양목이다. 이 씨앗을 땅속에 저장하여 얼지 않고 손상되지 않게 하려면 일찌감치 지구의 토에 저장 위치를 정한다.

亥 = 壬 + 甲戊

자는 현재까지의 변화를 모두 잊어버린 채로 오로지 수축에만 전념하여 더 단단한 수축을 위하여 노력하여 가장 낮은 위치에 임한다.

子 = 癸 + 壬

이 육기론의 12지에서 한 번 더 눈여겨볼 부분은 토성의 작용을 의미하는 기토가 음을 양으로 반전시키는 운동에서는 축토 한 곳에서만 작용하지만 양을 음으로 반전시키는 미토에서는 오미신의 세 개의 영역에서 활동한다는 점이다. 팽창의 제어가 우주의 순환에 얼마나 중요한 의미를 가지는지 알 수 있는 부분이라 생각하며, 우주를 살아가는 인간사회의 측면에서도 분출하는 욕구를 뜻하는 화의 통제는 인간세상의 평화유지에 중요한 역할을 한다는 것을 알려준다.

　십간십이지의 생극과 상생상극 등 서로 간의 작용상의 문제는 이미 많은 사람들의 연구와 함께 공부할 수 있는 곳이 많이 있어서 여기서는 생략한다. 추가로 알고 싶은 분은 별도의 관련 서적을 구해서 공부하시기 바란다.

제 5 장

우주운동에서의 특이지점

(1) 火金交易은 황극, 神의 자리

　팽창의 마지막 단계인 火는 뜨거운 열기로 인해서 金이라는 열매를 도저히 바로 만들어낼 수가 없으므로 팽창을 중지시키는 土의 도움이 필요하게 되었다. 이것이 화금의 전환을 중개하는 火金交易이 된다.

　이것은 오행 중 토의 역할이 되며, 식물이 봄여름에 물과 태양의 빛을 이용하여 생기는 에너지(영양분)를 분열과 성장하는 데 계속 투입하다가 늦여름의 어느 순간부터는 팽창하는 에너지가 더 이상 나타나지 않으면서 영양분은 열매를 만드는 데 투입되고 열매가 커지는 것을 보게 된다. 늦여름의 강한 햇볕과 충분한 토양의 에너지는 대부분이 과일이 익는 데 사용되게 만드는 이러한 역할이 토의 작용인 것이며, 火金交易이다.

　우주의 움직임은 수축과 팽창과 멈춤의 세 가지를 기본개념으로 한다. 여기서 멈춤상태인 土는 火의 앞뒤를 모르는 돌진을 저지하고 곧 다가올 겨울의 어려움에 대비하여 더 이상의 에너지를 소모하지 않고 모아두는 지혜를 발휘하면서 목화뿐만 아니라 금수도 지휘하는 선견지명이 있는 지도자로서의 면모를 보인다.

멈춤 이후에 만들어지는 金은 팽창시기의 목화와는 다르게 土의 아주 일부분만이 선별해서 金으로 변하게 함으로써 까다로움을 표현한다. 이것은 다음해에 또다시 있을 새로운 팽창의 시기에 그동안 있었던 생존에 약한 부분들과 불합리한 부분들을 제거함으로써 보다 더 좋은 요인들만 남기려는 움직임일 것이다.

이때부터 벌써 가장 필요한 부분은 씨앗으로 조금 부족한 부분은 과육을 만드는 데 사용되게 되며, 이후에 과육은 씨앗의 생존을 위한 도구로 동물들의 먹잇감이 되게 두는 것이다. 그러면 동물들이 이 씨앗과 과육을 함께 먹고서 과육만 소화시키고 씨앗은 그대로 외부에 배출시켜서 온 세상에 퍼져나가게 되는 종족의 번식의 역할도 하게 되면서 아무 생각 없이 움직이는 것 같은 우주와 만물은 어떤 움직임도 다 뜻이 있다는 것을 알 수가 있다.

이것은 봄과 여름의 팽창시기에는 천부경에서 언급하는 '무진본'의 無라는 존재가 本으로 사라지면서 세상의 만물이 무질서하게 성장하는 것같이 느껴지지만 토의 시기부터는 천부경에서 언급된 '본심본태양 앙명'에서 本이 無를 만나게 하고서 無라는 존재는 이 황극의 시기에는 주도적 역할을 다시 하게 되는 것을 알려준다.

따라서 이 無는 세상에서 흔히들 말하는 하느님과 같은 존재이며, 전지전능한 창조주를 뜻하는 말이다. 토의 시기에는 세상에 다시 출현하여서 필요한 조치들을 취한다. 이후부터는 無는 金水의 수축하는 일에 개입하며, 모든 것을 품는 대지와 같은 폭넓은 아량을 지닌 無가 아닌 차가운 가슴으로 쓸 것과 못 쓸 것을 엄선하는 선별적 에너지가 작용하도록 만들어 놓는다.

무심한 듯이 보이는 하늘이 어떤 시기가 되면 지상의 모든 것을 선별하는 주재자가 된다는 사실은 어떻게 보면 무서운 사실이며, 스스로가 씨앗이 될 자질을 갖추었다면 축복받은 삶이 되지만 그렇지 않으면 무자비하게 퇴출되어 썩어가게 될 운명이라는 것을 아는 사람이 얼마나 될까?

스스로가 금의 시기에 선별이 되었다 하더라도 씨앗을 위해서 스스로를 희생해야 하는 과육이 될 것인지, 씨앗이 될 것인지는 팽창의 시기까지 살아온 결과물들이 어떤 것이냐와 황극의 시기에 어떤 위치에 서 있느냐에 따라 달라진다고 본다. 이 사실을 알고 느끼게 된다면 인간들은 어떻게 한시인들 주어진 삶을 소홀히 살 수 있겠나 싶은 생각이다.

(2) 水, 겨울의 역할, 회복과 진화

하루를 보면 아침에 일어나서 낮에 활동을 하다가 어두워지면 집에 들어가서 한밤중에는 잠이 든다. 1년을 놓고 보면 봄에 씨뿌리고 여름 동안 키워서 가을에 수확하고, 겨울에 씨앗을 저장한다. 일생으로 보면 태어나서 지지고 볶고 살다가 늙으면 소일하다가 죽음에 이르면 묘지로 들어간다. 水는 이와 같이 겨울, 죽음, 씨앗, 잠이라는 휴식의 모습으로 현실에서 나타난다.

인류라는 종의 탄생으로 본다면 인류의 조상이 태어나서 번식하고, 전쟁도 하고, 사회를 이루며 살다가 환경의 변화가 인간이 살기에 적당하지 않게 변한다면 멸종에 이르게 되거나 새로운 환경에 적응하는 진화나 변이를 거치면서 새로운 다음 종이 생겨나게 된다.

이 겨울이라는 것이 아무짝에도 쓸모없는 시간낭비로 생각할 수도 있지만 잠을 자지 않으면 다음날 건강하게 활동할 수가 없고,

씨앗이 없으면 새로운 생명을 이어갈 수가 없게 되면서 얼마나 겨울이 중요한지를 알 수 있게 한다.

水는 無의 활동기

水는 이러한 포괄적인 역할보다도 더 주목받아야 할 역할은 無가 활동하는 시기라는 것이다. 생명체를 활동시키고 있을 때는 本(마음)이 모든 권한을 가지고 그 뜻에 따라서 삶을 유지하지만 마음이 활동하지 않으면 無가 활동하게 된다는 사실이다. 그러나 천부경에서도 無가 어떻게 水의 세계에서 활동하는지는 전혀 나타나 있지 않으나 천부경 마지막의 一과 처음의 一이 그 의미가 다르다는 점에서 천부경에서 나타나지 않은 부분이 있다는 것을 감지할 수 있다.

인간이 죽고 난 뒤의 일은 검증하지는 못하지만 인간이 밤에 자는 모습과 식물에게서 겨울 동안 씨앗이 어떻게 변해가는지를 살펴보면 짐작할 수는 있을 것이다.

꿈은 本과 無의 연결활동

인간은 낮에는 활동하다가 밤에는 잠을 잔다. 잠을 자면서 낮동안 움직이면서 손상되었던 신체의 어느 부분을 자기 몸에 가지고 있는 영양분과 저장되어진 효소들과 정보들을 이용하여 원상으로 회복시키는 작용을 한다.

심하게 두뇌를 사용하던 시간에 비하여 잠자는 시간은 표면적으로는 아무것도 하지 않게 보이지만 활동 시에 겪었던 경험들을 재조합하고 인간의 기억에 저장시키면서 잘못된 부분은 반성과 함께 더 진보된 방법에 대하여 해법을 찾고 개선하려는 의지를 실행시키는 활동을 한다. 즉 회복과 개선이라는 주제가 휴식의 부분을 지배하는데 이것은 本과 無의 소통이라는 방식으로 진행되며, 이것이 꿈이라는 작용으로 표현된다고 보는 것이다.

그러나 꿈이라는 곳에서는 本의 소통만 뇌의 활동에서 나타날 뿐 無와 연결되어서 無가 일하는 부분은 뇌에서도 나타나지 않으므로 무엇을 하는지 전혀 알 길이 없다. 인간의 뇌에는 無와 本과의 연결매체만 존재할 뿐 無는 뇌에 존재하지 않기 때문일 것으로 추정된다. 아마도 無가 인간의 몸에서 존재하는 위치는 없을 것으로 추정된다. 만약에 인체 내에 존재했다면 과학자들이 이 부분을 이미 특정했을 것이다.

따라서 本이라는 마음이 존재하는 곳은 각종 호르몬의 분비가 활발한 뇌가 될 것이고, 無는 인체 외부에 존재하고 있을 것으로 추정된다. 마음의 움직임은 無의 상황만 고려되지 않고 인체 곳곳에 분포되어 있는 인간 세포와 미생물 등 세균도 생존해야 하므로 이들의 욕구도 해결해야 하는 無보다는 좀 더 복잡한 위치에 있다고 봐야 한다.

또한 꿈을 꾸는 중에서도 예지몽이 나타나는 것은 無가 자신의 분신인 本을 지키는 활동 중의 하나로 생각되며, 이런 현상이 있는 것으로 봐서는 현상에 대한 개선의 의지도 無가 하는 역할이면서 진화에 대한 의지도 無에는 숨어있을 수 있다고 생각된다.

진화의 활동

식물의 씨앗을 잘 살펴보면 겨울 동안 움츠려 있으면서도 전년도에 겪었던 각종의 병충해와 이상기후에 대한 유전자에 기록된 정보들을 다음에는 어떻게 하면 더 잘 견딜 수 있을까에 대한 고민과 활동으로 보내게 될 것으로 생각된다.

과거에 식물을 키우다 보면 새로 피우는 식물의 형상이 가끔은 다른 모습을 보이는 식물이 나타나는데 이것은 씨앗의 유전자에 담긴 정보를 근거로 겨울 동안에 유전자 스위치의 변화를 통해서 다음해에는 조금 더 효율적으로 살아나갈 길을 모색한다는 결과로 볼 수 있다.

동물들에 있어서도 환경이 어려워지면 적극적으로 변화에 적응하려는 다양한 유전자 변이를 발생시키게 되는데 겨울잠을 자는 중에 주로 많은 변화가 일어난다고 본다. 이러한 변이는 다양하게 나타나며, 이러한 개체 중에서 실제로 살아남는 개체가 진화에 성공한 개체라고 본다.

이런 모습은 생존환경이 극도로 나빠지거나 죽음에 이른 동물들이 마지막으로 어떤 이성적 고려도 없이 생식활동에 집중하는 것을 관찰하면서 다양한 유전적 접촉과 개체 수 증가에 본능적으로 매진한다고 생각할 수 있다.

인간 역시도 종의 변화에 대응한 똑같은 겨울이 오면 비슷한 과정을 거치면서 환경에 대응하게 되며, 유전자의 다양한 변이를 통해서 새로운 인간종의 탄생을 본능적으로 추구하게 될 것으로 생각된다. 이같이 겨울은 내일을 위한 준비와 충전의 시간인 동시에 無가 활동하면서 진화하는 시기이면서 無에 의해서 本을 다듬는 시간인 것이다.

인류의 진화 모습

초기의 인류는 동물과도 비슷한 상황으로 채집수렵 생활을 하면서 먹이 획득과 관련한 근육의 발달과 반사신경의 발달 및 효율적인 소화능력을 갖추는 데 치중하면서 거기에 맞는 유전자의 변이를 추구해온 인류가 살아남았을 것이다. 이후는 보다 생존에 적합한 집단생활을 하면서 사회를 형성하고, 보다 손쉬운 사냥을 위한 도구를 만드는 두뇌의 발달로 유전자의 변이를 도모하였을 가능성이 높다.

현재의 인류는 대단위 집단의 생활로부터 나오는 시너지 효과로 볼 수 있는 농경과 목축이 발달하였으며, 이로 인해 1차적인 생존의 문제로부터 해방된 인류는 일부 계층으로부터 생존의 필수요소인 먹이활동을 접고 인간의 생존 외의 활동에 관심을 기울이면서 인간의 영적인 에너지를 발현시키는 단계에 도달했다고 볼 수 있다.

특히 최근에는 비약적인 과학의 발전으로 인류의 상당수가 당장의 생존을 위해서 하루 종일 해오던 생존의 활동을 위한 유전자의 변화가 생존 외의 영적인 분야로 점점 변화되고 있다고 볼 수 있다. 즉 無의 존재가치가 점차 증가하는 시기가 다가오면서 영적 능력의 발전 방향으로 전환되고 있다는 생각을 지울 수가 없다.

동물들은 겨울이 오면 에너지의 손실을 줄이기 위하여 겨울잠을 자지만 인간은 겨울이 오면 어떤 모습으로 변하게 될까? 아마도 인간 역시도 에너지 소모를 최대한으로 줄이기 위하여 활동이 극히 줄어드는 삶을 사는 것은 비슷할 것이다. 단지 동물과 같이 극단적으로 웅크리면서 잠만 잘 수는 없을 것이다. 그 겨울의 기간이 너무도 길어지기 때문이리라. 반면에 신성의 에너지 섭취를 극대화시키면서 실물에너지의 섭취를 최소한으로 줄이는 쪽으로 발달할 수 있을 것으로 본다.

그래서 인간이라면 스스로 신성을 중요시하게 되는 경향을 띠게 되면서 그것을 터득하려는 본능적인 움직임이 나타나게 될 것이다. 이것은 다가오는 가을과 겨울에는 인간이 신성을 가지는 것이 보다 진화된 인간의 종이 될 가능성이 높다는 점을 가리킨다.

호모사피엔스는 이미 많은 사람들이 영적 존재를 보는 능력을 보유하고 있다. 인간의 無로부터 발현되는 이 능력은 앞으로는 많은 사람들이 터득하게 될 것으로 보인다. 만약에 이런 인간들이 다수를 차지하게 된다면 오늘날의 이런 능력이 없는 인간들은 오늘날의 원숭이 같은 취급을 받게 될까?

인간은 겨울을 선택할 수 있다

그것을 성취하려면 수행이 필요하며, 수행은 인도의 요가, 한국의 선도수련, 중국의 도가수련 등으로 이미 다양한 방법이 전해져 온다. 한국인들은 어려서부터 공부하러 떠나는 것이 고대로부터 한국인의 지도층에는 보편적 풍습이었던 것으로 보인다. 이것이 조선시대에 들어오면서 과거시험을 보러 성리학 공부하러 가는 것으로 편향적인 모습을 띠게 되었지만 조선시대는 한민족의 전통적 모습을 유교라는 잘못된 틀이 삼켜버린 아픈 역사로 보면 되겠다.

이러한 수련과정이 인간에게는 겨울인 것이며, 인간은 겨울이 따로 제시되지 않는다. 스스로 공부하고 수련하는 것이 인간의 겨울이며, 언제든지 시기를 선택할 수 있는 인간의 의도적인 겨울이다. 그것이 수행의 기간이며, 수행이 다 끝나고 나면 봄이 오듯이 사회활동을 하는 것이다.

(3) 무극 → 태극 → 황극

　천부경에서 무극이란 一의 상태를 말하며, 一은 無를 포함하고 있으므로 우주에서 보면 우주가 폭발을 하고 난 먼지구름이 형성된 상태이다.

　태극이란 이러한 무극의 상태가 운동을 개시하면서 삼극으로 분화되는데 그중에서 가시적인 一이 움직이는 것은 두 개가 나타나는데 음과 양이다.

　황극이란 이러한 태극에서 一의 움직이는 것을 제외한 움직이지 않는 것이 남으며, 이것이 無이다. 움직이지 않으면서도 전체를 지배하는 것이 황극이며, 보이지 않는 힘을 행사한다. 정적이면서 안정된 곳에서만 나타나는 것으로 우주의 움직임을 관할하는 하느님이 위치하는 곳이라고 볼 수 있다. 은하계에서 황극의 위치에 해당하는 부분에 지구가 속한 태양계가 위치하는 것은 의미하는 바가 크다.

이 황극은 은하계의 구조상으로는 은하계의 반대편에도 존재하는 것으로 생각되지만 그곳은 지구에서 관측하려면 엄청나게 밀도가 높은 은하중심을 통과해서 관측해야 하므로 아직은 정확하게 관측되지 못한 곳이라고 하는 미확정 지역이다. 아마도 그곳에도 황색지대가 존재할 것으로 보이며, 인류와 같은 또 다른 고등생명체가 살고 있거나 살 수 있을 것으로 생각된다. 태양계가 위치한 현재의 황색지대의 또 다른 항성계에서도 고등생명체는 발견될 수 있을 것이다.

인간 외의 고등생명체를 발견하려면 은하 반대편의 황색지대까지는 직선거리가 무려 6만 광년에 달하므로 관측으로 확인하기는 불가능할 것이다. 차라리 우리가 위치한 황색지대를 자세히 찾아보는 것이 확률이 더 높을 것이다.

그 외에 천부경에서 나타난 음양의 이론상으로는 황색지대 외에는 수축운동과 팽창운동이 격렬하게 벌어지므로 오랜 시간 안정된 상태를 유지하면서 진화를 기다려야 하는 고등생명체가 발생하기는 어려울 것으로 추정된다. 無와 本의 연결과 함께 本의 고도한 성장이 뒷받침되려면 생존에 대한 불안감들이 사라지는 평온한 가운데서 本의 변화를 통하여 無가 연결될 수 있기 때문에 불안한 환경에서의 神的 성장을 전제로 한 발전을 이루기 어려우므로 단세포 또는 하등동물 이상의 발전은 기대하기 어렵다고 본다.

제 6 장

우주에서 나타난 천부경

(1) 지구의 생존에 필요한 일월

오행성이 지구에 미치는 힘은 크기는 비교적 작지만 최대치와 최소치의 차이가 크다는 점은 변화에 많은 영향을 준다는 사실을 알 수 있었지만 태양과 달이 지구에 미치는 인력은 강도는 아주 강하지만 최대치와 최소치의 차이가 크지 않다는 점에서 일월은 변화보다는 지구의 생존에 직접적인 영향을 준다는 사실을 추정할 수 있다.

구분	태양	달
인력 차이(고체에 영향)	332,337	1,720
조력 차이(액체에 영향)	332,337	637,212

지구가 우주에서 살아 움직이면서 생존한다는 것은 지구상에 살고 있는 인간으로서는 생존과 직결되어 있는 문제이다. 만물이 이 황량한 우주에서 생존할 수 있는 조건 중에서 가장 중요한 것은 태양과 우주에서 날아오는 강력한 우주선으로부터의 보호가 가장

우선이다.

지구의 자기장이 형성되려면 지구의 내부에 있는 무거운 금속 물질이 끊임없이 마찰을 일으키면서 대류해야 하는데 이 대류현상이 멈추게 되면 아래쪽은 더 무거운 금속물질이 가라앉고, 위로는 가벼운 금속물질이 뜨게 되어서 대류현상이 일어나지 않게 된다.

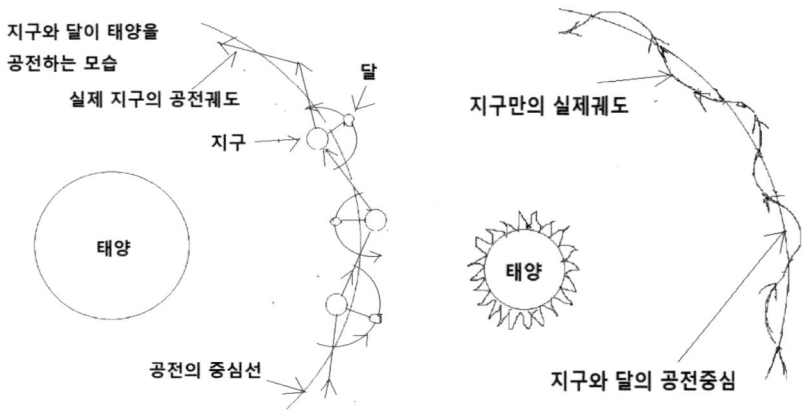

예로 화성은 자기장이 없어진 행성이다. 화성은 지구보다 크기도 적을 뿐만 아니라 내부핵도 이미 식어 있어서 대류할 수 있는 액체금속이 없어진 상황이다. 이것은 무거운 금속물질이 더 아래로 가라앉고, 가벼운 물질이 위에 떠서 더 이상 아래위가 순환하지 못하게 되면서 더 빨리 식어버린 것으로 추정된다. 이에 따라 화성은 과거에 물과 공기가 존재했다는 증거는 남아있지만 생명체가 존재하지 못하는 행성이 된 것이다.

그렇다면 지구는 화성과는 어떤 조건의 차이로 자기장이 존재하면서 생명체는 물론이고 신성을 가진 인간까지도 생존할 수 있는지를 생각해보자.

앞의 그림에서와 같이 태양을 공전하고 있는 지구는 비교적 큰 달과 함께 두 개가 짝을 이루면서 이중으로 공전하는 모양을 하고 있다. 이에 따라서 지구는 공전궤도를 반듯하게 원형으로 공전하는 것이 아닌 스스로를 비틀거리면서 흔들어가면서 공전하고 있는 것이다. 이것은 지구 내부의 액체금속이 쉽게 안정되지 못하게 하는 역할을 하면서 유동성을 높여주는 것이고, 이로 인해 액체금속이 더 오랫동안 대류를 하도록 만들어서 자기장이 지속된다고 보인다.

태양과 달의 존재는 자기장뿐만 아니라 지구상에 살고 있는 인간의 신체에도 직접적으로 인력과 조력이 작용한다. 인체는 70%가 액체로 구성되어 있는데 액체와 관련되는 조력은 인력보다 영향력이 더 크며, 이로 인해 인체도 역시 태양과 달이 인간의 생존활력을 유지하는 데 많은 영향력을 행사하고 있다고 할 수 있다.

그리고 천부경의 관점에서도 고등생명체가 지구에서 살아가려면 안정적인 상태인 토의 상태, 즉 황극의 상태를 유지해야 하는데 가능하면 지구의 자전 속도와 공전 속도가 빠르지 않아야 한다. 태양과 달이 지구에 다양한 형태의 힘이 변화를 주면서 지구와 달이 가진 힘이 상호의존적 자전으로 지구와 달의 연합은 힘이 강해졌으며, 현재와 같은 보다 더 회전수가 느린 안정적인 모습이 나타났다고 보인다.

만약에 달이 없다면, 그리고 달의 크기가 너무 작다면 지구는 달의 에너지를 보충하기 위하여 지구의 공전 속도를 높여야 하고, 자전 속도 역시도 빨라져야 할 것이나 그렇게 되면 지구상의 환경이 척박해지면서 안정적인 황극의 상태를 유지하기 어려울 것이다. 지구는 커다란 달이 있어서 보다 더 생존에 더 유리하고 좋은 환경이 조성되어졌으며, 인간과 같은 고등생명체가 지구에서 생존할 수 있게 된 것이라 생각한다.

또한 지구에는 바다라는 액체상태의 물이 대량으로 존재하는데 이 물은 조력의 작용에 따라 끊임없이 움직이면서 지구의 토, 즉 대륙의 변화를 지속적으로 만들어내면서 다양한 생명체를 만들 수 있게 되고, 이를 통해서 황극의 작용이 가능한 인간이 태어나고 살아갈 수 있는 가장 적합한 환경을 만들어냈다고 본다. 이러한 조건이 안 된다면 행성에서 생명체가 존재할 수 없으며, 설사 있다고 하더라도 인간과 같은 고등생명체는 출현하기 어려웠을 것이다. 지구는 정말로 여러 가지 조건이 우연하게도 잘 갖춰진 행운의 행성으로 생각된다.

(2) 우리 은하와 천부경

우리 은하의 모습

우리 은하는 밤에 하늘을 쳐다보면 새까만 하늘에 무수히 많은 별들 중에 동서로 하늘을 끝까지 가로지르는 우윳빛의 별들의 긴 다발을 볼 수 있는데 이것이 바로 우리 지구가 속해있는 우리 은하이다.

우리 은하는 4,000억 개의 태양을 가지고 있고 지금도 끊임없이 생성과 소멸을 반복하고 있으며

1. 10만 광년에 이르는 지름과
2. 중심 부위 두께 1.2만 광년
3. 태양이 있는 원반 부위의 두께 1,000광년
4. 은하중심의 진행속도는 600km/sec

특히 우리 은하는 은하중심이 두꺼운 막대자석과 같은 형태로 존

재하며, 또한 길게 나선형으로 뻗어 있는 다섯 개의 팔이 존재한다.

 이 팔들 중 2개가 2개씩의 은하중심의 양 끝단으로부터 뻗어져 나와서 음양과 사상의 모습을 하고 있고, 1개는 중심으로부터 뻗어져 나온 것이 아닌 별도의 독립된 팔로서 4개 팔의 중앙에 자리 잡고 있어서 황극을 상징하는 토의 성격을 가진 것으로 생각되게 배치되어져 있다. 천부경의 논리를 감안하면 우리 은하의 반대편에도 비슷한 형태의 황극이 존재할 것으로 예상되지만 아직 관측되지 못한 것으로 알고 있다.

우리 은하

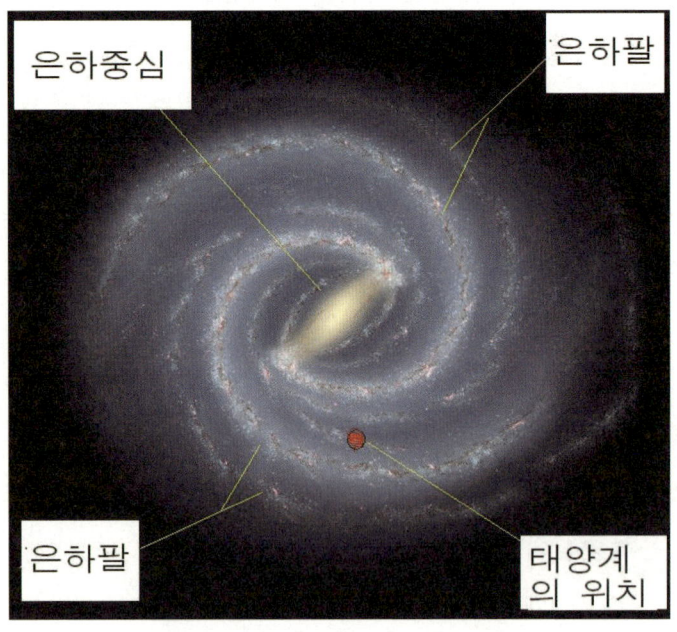

우리 은하의 5개의 팔

3킬로파섹과 페르세우스자리의 팔 → 사상 중 하나
직각자리와 백조자리 팔 → 사상 중 하나
방패와 남십자자리 팔 → 사상 중 하나
궁수자리 팔 → 사상 중 하나
오리온 팔 → 토와 황극의 위치

태극의 모습
다음의 그림은 쌍태극의 모습이다.
 일반적인 음양의 모습을 나타내는데 음양이 성숙되지 못한 모습으로 수축과 팽창의 운동이 완성되기 전의 모습이라 보면 된다.

 다음의 그림은 삼태극이라 하는데 위의 쌍태극에서 황색지대를 그려 넣으면 삼태극이 형성되는데 안정된 형태의 은하의 모습이라 보면 된다.

　쌍태극과 삼태극의 청색과 적색의 색깔은 음양의 운동을 상징하며 사상의 의미도 포함한다고 보면 되며, 황색은 황극을 상징하는데 안정된 구역의 정적인 상태로 본다. 우리의 태양계는 이 황색지대에 자리 잡고 있다.

우주에서 천부경의 위치

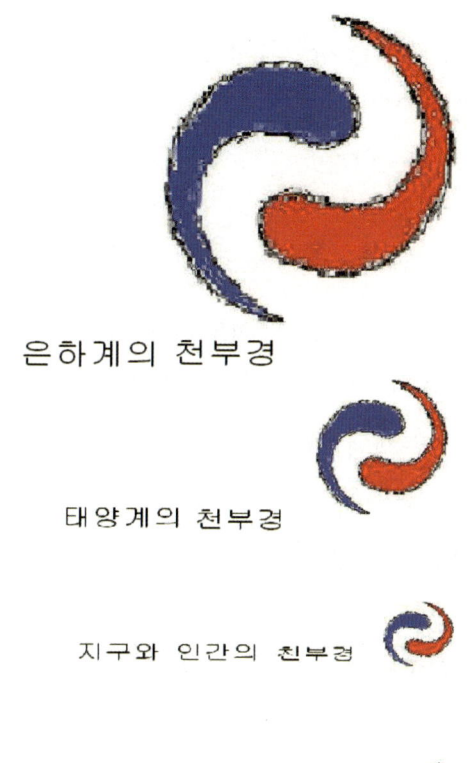

은하계의 천부경

태양계의 천부경

지구와 인간의 천부경

DNA와 원자의 천부경

천부경의 이론은 위의 태극 구조가 더 큰 세계에서와 더 작은 세계에서도 적용할 수 있다.

태양계와 천부경

태양계가 속해있는 우리 은하 전체가 천부경의 원리에 의해서 움직이듯이 그에 속해있는 작은 우리 태양계 역시도 천부경의 원리에 의해 움직인다고 볼 수 있으며 앞에서 이미 설명한 바와 같다. 태양계는 태양을 중심으로 목화토금수 등의 행성들이 있으며 혜성들의 발원지인 카이퍼벨트가 있고 얼음덩어리인 오르트 구름 층이 존재하는데, 태양과 지구의 거리가 불과 8분 거리인 데 반해 태양계의 끝부분까지의 반지름 크기는 태양으로부터의 1.6광년이 되는 엄청나게 큰 규모이다.

인간과 천부경

태양계의 황색지대인 지구에서도 천부경의 원리는 당연히 적용되는데 지구상의 수십억의 인류는 천부경의 '운삼사'의 피라미드 구조가 바탕이 되며 개개인의 인간 역시도 인간세포 - DNA - 원자 구조의 순서로 천부경의 원리가 적용되는데 이 부분은 뒤편의 DNA 부분에서 별도로 다룬다.

원자 구조와 천부경

우리가 어릴 적 과학교육을 받을 때 원자의 구조가 태양계와 많이 닮았다는 것을 누구나 느꼈을 것이다. 단지 너무나도 미세한 영역이라서 감히 말을 하지 못하고 있을 뿐 인간의 생각들은 아마도 비슷할 것이다. 여기서도 역시 천부경의 논리가 적용될 것이다.

또한 원자보다도 더 적은 미립자의 세계에서도 천부경의 논리는 적용될 것이지만 추정을 근거로 많은 말을 할 수 없으므로 이만 줄인다.

(3) 태양계가 은하계 내에서의 움직임

음양론이 말하는 별들 간의 움직임

음양의 이론은 어떤 존재도 정지와 고정되어 있지 않다는 것을 말하고 있다. 심지어 멈추어지고 무심하게 존재하는 것 같아도 다른 존재들 사이에서 지금도 움직이고 있으며, 어떤 변화도 보이지 않는 돌덩어리라도 내부적으로는 변화하는 그날을 기다리며 자신을 내부적으로 단련시키고 있다고 본다.

또한 위치가 고정되어 있는 어떤 물체도 존재하지 않고 주변에 존재하는 물질들과 연결되면서 서로 간의 인력에 의해서 상호작용을 하고 있다. 독립적인 움직임은 존재하지 않는다는 것을 말하며, 내가 움직이면 다른 존재도 힘을 받아서 움직이게 되므로 상호 간에 모든 것이 연결되어져 있다.

또한 앞의 태극 모양이 상위와 하위 차원이 구분되듯이 모든 존재들은 태극과 같은 단위를 형성하며, 이 단위들도 역시 단위 상호

간의 작용에 의해서도 움직이게 된다고 본다.

이것은 실제 우주 공간에서의 별들의 움직임과 다르지 않을 것이다.

천문학자들이 밝힌 은하계의 움직임
앞에서는 우주의 움직임을 천부경의 관점에서 설명하였으나 아무리 좋은 이론도 실제 상황과 부합되지 않으면 소용이 없다. 그래서 현재 천문학계에서 나온 자료들을 찾아보고 그에 대한 천부경의 논리가 어떻게 적용되고 변화되는지를 알아보고자 한다.

천문학의 자료에 따르면 태양계도 은하중심을 기준으로 공전을 하고 있다.

1. 공전주기는 2억 26백만 광년
2. 태양의 공전 속도는 217km/sec
3. 태양의 은하의 상하단 왕복주기가 2.7회/공전
4. 은하면을 평면으로 보았을 때 태양은 거의 반듯한 원형으로 공전하고 있다.

태양계는
1. 그 크기가 반지름이 1.5광년이고
2. 주변 15광년 내에 있는 항성계는 50개로 상당히 많다.

태양과 지구 사이의 특이한 움직임을 살펴보면
1. 공전궤도가 찌그러지는 이심률이 10만 년 주기로 변하는데 현재는 0.0126으로 거의 원형에 속한다.
2. 23.5도의 자전축 경사각이 4만 년 주기로 변한다고 하나 21.5~24.5도 사이의 움직임으로 이것은 지구의 계절의 특징을 강화하는 움직임으로 보인다.
3. 지구 자전축이 회전하는 세차운동은 2만 6천 년을 주기로 지구의 계절과 환경 변화에 큰 영향을 준다고 알려져 있다.

천문학계의 관측자료에 따른 우주주기의 설정

태양계는 우리 은하의 황색지대에 위치하고 있고, 지구는 태양계의 황색지대에 위치하므로 지구를 중심으로 주기를 그려보면 다음과 같다.

현재 천문학계는 일반적인 우주의 주기를
1. 태양계의 1년을 지구 기준의 공전주기인 [21]360일로 정한다. 만약에 인간이 화성에 살고 있었다면 화성의 공전주기인 680일이 1년으로 설정되었을 것이다. (땅의 주기)
2. 은하계의 1년은 우리 은하를 중심으로 태양이 공전하는 2억 26백만 년이다. (하늘의 주기)

그러나 우주의 원리를 담고 있다는 천부경에 따르면 천지인의

---

21) 365일이 1년이지만 여기서는 12 × 30 = 360일로 단순화시켜서 사용한다.

3개의 주기가 나타나야 한다. 그래서 현재 천문학계에서 인식하고 있지 않는 나머지 한 개에 대하여 추론을 해본다.

3. 지구의 세차운동에 따른 2만 6천 년이 추가로 고려되어야 한다고 본다. (사람의 주기)

이러한 우주의 주기는 앞의 천부경의 해석에서와 같이 12라는 숫자는 이러한 기본단위로서 우주의 주기에서도 사용되어질 수밖에 없다.

지구-태양계의 주기(땅의 주기)

지구의 공전
1일 × 30 → 30일 → 1월
1월 × 12 → 360일 → 1년

태양계 내 행성의 구성은 암석류의 무거운 물질로 구성된 지구

형 행성과 가스가 뭉쳐진 목성형 행성의 두 가지로 구분하며, 그 사이에 하나로 뭉쳐지지 못한 소행성대가 존재한다.

소행성대의 특이한 위치

이 소행성을 기준으로 태양계의 행성들을 본다면 안쪽으로 수성, 금성, 지구, 화성의 4개의 행성이 있고, 바깥쪽으로 목성, 토성, 천왕성, 해왕성의 4개가 존재하므로 이 상황에서 바로 10간의 형태가 갖춰진다.

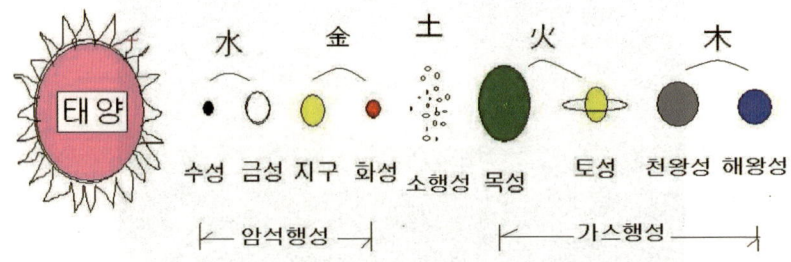

만약에 이 소행성이 정식 행성으로 갖추어졌다면 4.8년을 주기로 한 태양계의 1년이 형성되었을 것이고, 지구보다 더 다양한 오행의 변화를 받음으로써 거기에 살 수 있었던 고등생명체는 현재의 인간보다 훨씬 정교한 존재가 탄생될 수 있었을 것이라고 추정된다.

이러한 가장 적절한 위치를 피한 지구의 인간은 천부경의 논리적 관점에서만 보아도 우주 차원에서 완벽한 고등생명체는 아니라는 것이 느껴진다.

제6장 우주에서 나타난 천부경   143

1. 지구에 사는 인간은 오행성의 변화를 충족시키는 고등생명체이나
2. 소행성대에서 고등생명체가 존재했다면 십행성의 더욱 다양한 변화를 흡수하면서 인간보다 더 복잡한 사고가 가능한 훨씬 발달된 존재가 생겨났을 가능성이 높다.

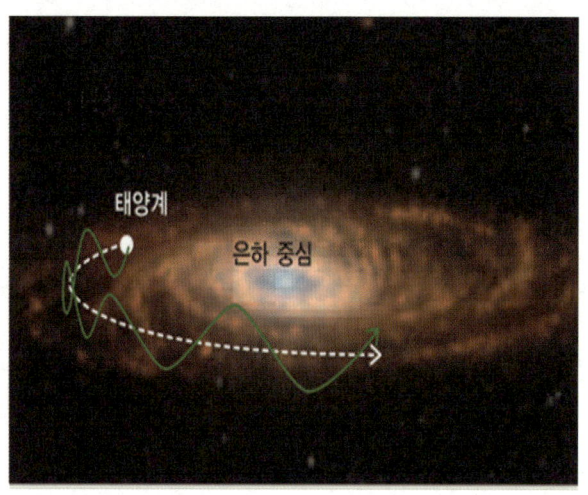

따라서 우주에는 우리 인간보다 더 뛰어난 無를 가진 존재가 있을 가능성이 있고, 그들은 우리 인간을 원숭이 정도로 취급할 수도 있을 것이다.

태양계집단과 은하의 주기(하늘의 주기)

태양계가 우리 은하를 한 번 공전할 때의 주기와 이때에 태양계가 은하의 상단과 하단을 오가는 주기를 말한다.

태양계의 공전

은하 1일 = 627,778 × 30 → 18,833,333년

은하 1월 = 18,833,333 × 12 → 223,948,800년

→ 1은하년

태양계의 상하운동 → 2.7회

태양계는 은하면을 공전하면서 은하면의 인력의 영향으로 올라갔다가 내려갔다가를 위의 주기로 반복한다고 한다.

우리은하 공전시 태양의 상하운동

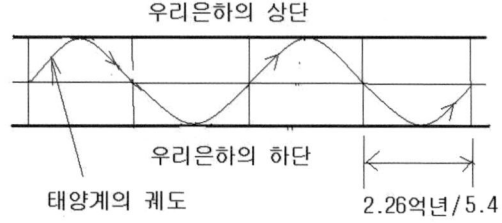

(4) 은하계 회전주기의 빈자리

태양계와 태양계집단의 주기(사람의 주기)

이 부분은 현대 천문학에서 세차운동으로 표현되는 운동의 주기로 26,000년을 한 주기로 보고 있다.

사실상의 봄-여름-가을-겨울의 순환주기로서 태양과 지구와 달의 상관관계에 의해서 나타나는 현상으로만 정의하고 있으나 천부경에 의해 해석하면 은하와 태양 간의 하늘-땅-사람의 3가지 주기 중에서 한 자리를 차지하는 것으로 천문학계의 이론과는 다소 다른 점을 보인다. 여기서는 그냥 가설로 이해해주면 좋겠다.

태양계를 포함한 항성계집단의 가능성

천문학계에서는 우리 은하를 중심으로 한 태양의 공전이 거의 원형의 형태를 유지하는 것으로 보고 우리 은하 모델을 정하고 있으나 천부경으로 해석한 움직임에는 지구-달이 2개만 만나도 서로 얽혀서 회전력이 발생되고 지그재그의 움직임을 보인다는 점과 태양계의 크기가 지름 3광년의 엄청난 크기인데 불과 15광년의 거리 이내에 있는 항성계가 50개나 된다는 점에서 태양계 역시도 여러 항성계가 집단으로 얽혀져서 집단으로 회전력을 발생시키고 태양이 은하중심으로 안쪽으로 들어갔다가 나갔다가 하는 움직임을 보일 수밖에 없을 것으로 보인다.

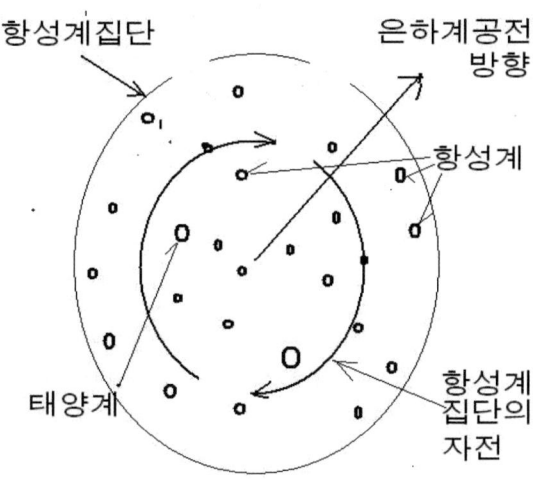

물론 태양계 자체는 하나의 단위 개체로 형성이 되어 있어서 이러한 외부의 움직임이 태양계 내부의 행성궤도에는 큰 영향을 미치지 못할 것이다. 그래서 이 책에서는 천문학계의 모델이 아닌 천부경의 원리에 따라서 주기를 구성하고 해석한다.

세차운동의 주기인 2만 6천 년

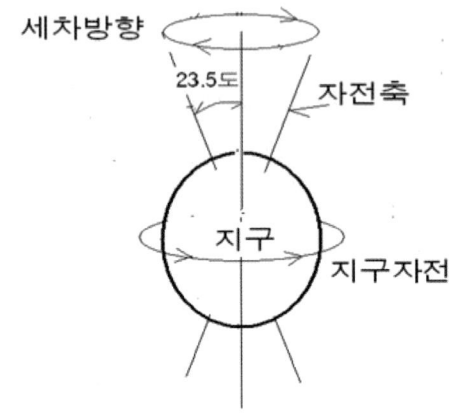

일반적으로 세차운동을 설명할 때 팽이의 쓰러질 때 모습을 비유하면서 그 자리에 기울어진 자전축이 회전하는 것으로 설명되고 있지만 지구의 세차운동은 팽이와는 달리 팽이를 지탱해주는 바닥이 존재하지 않으므로 지구의 자전축이 임의로 회전하지는 못할 것으로 생각된다.

오히려 항성계집단의 공전궤도와 외부인력의 작용이 자전축의 기울기 방향을 바꿔주는 역할을 수행할 것으로 생각된다.

태양계의 정확한 위치

태양계는 우리 은하의 오리온자리 팔의 은하중심 쪽으로 가장자리에 위치하고 있다고 한다. 그러면 태양계와 가까운 거리에서 가장 외부인력의 영향을 많이 받는 방향은 은하의 바깥쪽이 되므로 지구가 태양에서 은하의 바깥쪽으로 회전할 때 지구의 공전궤도가 찌그러지는 현상이 나타날 것으로 생각된다.

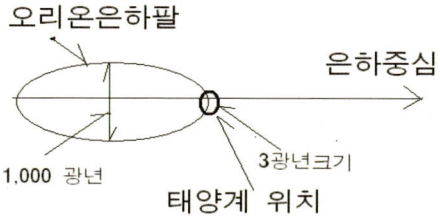

또한 태양게에 미치는 인력의 영향은 별의 숫자가 많은 은하 바깥쪽이 강하고 은하중심 쪽으로는 별의 숫자는 많은 데 비하여 거리가 멀어서 인력의 영향이 적을 것으로 생각된다. 그래서 지구의 공전궤도는 은하 바깥쪽으로 타원의 장축이 형성될 것으로 생각된다.

세차운동 축의 위치 변화는 공전에 따른 변화일 가능성

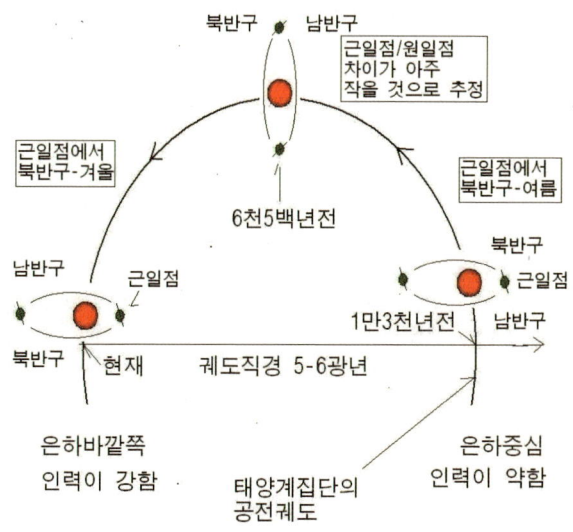

위 그림에서 보면 세차운동의 자전축은 스스로 움직이는 것이 아니고 태양계집단의 공전에 따라서 북반구와 남반구의 방향이 조금씩 바뀔 뿐이라는 것을 알 수 있다.

2만 6천 년의 공전궤도를 단순계산하면 비교적 좁다.
1. **태양계를 포함한 항성계의 이동거리는 36광년이고**
2. **태양계의 공전하는 원형 직경은 5~6광년으로 타나난다.**

2만 6천 년의 구조
은하계와 태양계 사이에서 천체의 움직임을 연결하는 중간지대의 움직임은 사람의 주기라고 표현했듯이 은하가 형성되면서 가장 나중에 형성되는 주기로 태양계와 은하계에 살고 있는 지구로서는 가장 중요하고 다양한 움직임을 표현한다고 봐야 한다.

은하계
1. 은하계의 1년 - 2억 26백만 년
2. 은하계의 1일 - 627,778년 × 360

태양계
1. 태양계 1년 - 360년
2. 태양계 1일 - 1년 × 360

은하와 태양의 중간지점인 태양계집단의 주기
1. 은하계 1일 = 태양계집단의 1년

보정치 2.0 - 627,778년/2 → 313,899년
2. 태양계집단의 1월 → 313,899/12 → 26,157년
3. 태양계집단의 1일 → 26,157/30 → 872년
   보정치 2.4 - 872년/2.4 → 360년

보정치 2.0과 2.4는
지구의 1년이 은하의 1년에 이르는 과정에서 어긋나는 부분을 수치로 조정한 것으로 4.845가 나타난다.

1. 천지인의 360 × 360 × 360 = 46,656,000sus
2. 태양의 은하공전주기 → 226,000,000년

이 4.8년은 묘하게도 소행성의 공전주기와 비슷하고 소행성의 주기를 기준으로 재배열 시는 우주의 1년으로 표현했던 1,000년 전의 황극경세서와 겹쳐진다.

황극경세서에서 말하는 우주의 주기
1. 지구의 1시간 12개가 뭉쳐지면 1일이 되고
   오전-오후-저녁-새벽
2. 지구의 1일이 30개가 뭉쳐지면 1월이 되고
   지구의 1월이 12개가 뭉쳐지면 1년이 된다.
   봄-여름-가을-겨울
3. 지구의 1년이 30개가 뭉치면 태양계의 1월-30년
   12개가 뭉쳐지면 태양계의 1년-360년이고

태양계오전-태양계오후-태양계저녁-태양계새벽
4. 우주일이 30개가 뭉치면 1우주월-10,800년
　　우주월 12개가 뭉치면 1우주년-129,600년이 된다.
　　우주봄-우주여름-우주가을-우주겨울

　그러나 소강절이 말한 우주년의 기간은 129,600년으로 특정하고 있으나 이 수치는 현대 천문학에서는 나타나지 않는다. 인간이 살고 있는 지구를 기준으로 하면 나올 수 없는 수치이므로 360 × 360의 단순한 상상으로 나왔다고 볼 수밖에 없다.

새로운 지구환경의 변화가 다가옴

　우리가 살고 있는 태양계집단의 움직임으로 볼 때 강력한 은하중심의 인력에 붙잡혀서 은하중심으로 끌려 들어가고 있는 것으로 보이며 언젠가는 중심으로 흡수될 운명으로 보인다.

　태양계가 은하중심으로 흡수되면 태양계로서는 죽는 것과 같으므로 이런 상황을 벗어나기 위하여 끊임없는 탈출과 끌려감을 반복하면서 몸부림치는 움직임이 회전 움직임으로 나타내고 있다고 보여진다.

　또한 회전할 때마다 지구상에는 큰 환경 변화를 일으키는 것으로 보여진다.

　큰 환경 변화가 일어나는 주기는 앞에서 언급한 토와 수의 역할

에 의해서 지구는
1. 2만 6천 년을 주기로 1회전
2. 1만 3천 년을 주기로 근점과 원점을 통과함

을 겪는다는 사실을 알 수 있다. 이것이 종교단체에서 사회에 큰 물의를 일으키는 세상의 종말이론의 원인이라고 볼 수도 있을 것 같다.

위의 주기에 의하여 5만 년 전에 출현했을 것으로 추정되는 현생인류는 이미 3번의 변화를 이미 겪었으며 이번에는 네 번째 오는 큰 변화를 앞에 두고 있다고 볼 수 있다. 전설과 이야기로만 전해지던 대륙의 침몰과 노아의 방주 이야기는 사실이라면 이런 주기에 따라서 진행된 것으로 보인다.

**태양계집단의 회전에 따라서
일어나는 변화의 특이점들**

환단고기의 환웅의 개천 이야기와 창세기의 노아의 방주 이야기 그리고 제임스 처치워드의 저서를 참고로 하여 보면 과거의 어느 시기, 즉 水의 시기에 인류는 갑작스럽게 물이 넘치면서 소수만 살아남아서 고산지대로 피신했던 사건이 있었을 것으로 추정된다.

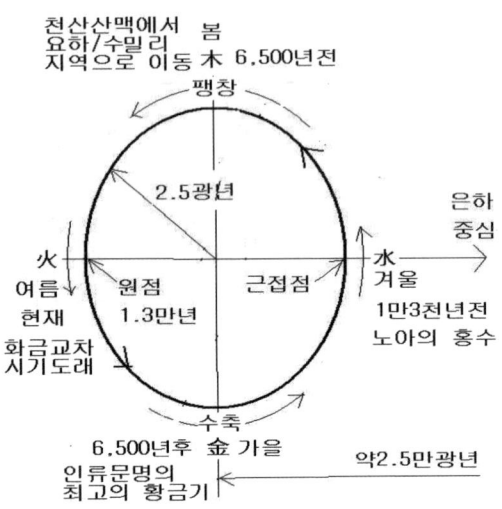

　이것은 창세기의 노아의 방주사건을 말하며 이 사건은 오행상에서 물이 가장 맹위를 떨치던 1만 3천 년 전의 시기에 발생했던 천재지변인 것으로 추정된다.

　고대의 이야기는 생략되고 시기를 건너뛰는 경우가 많아서 연대를 특정하기 힘들다는 문제로 창세기의 정확한 연대는 신뢰하기 어려워도 사건은 있었다고 볼 수 있다.

　현재는 오행상 불이 가장 극심한 시기로 물이 마르면서 점차 바다 수위가 가장 낮아져 오던 시기로 보이며 이러한 시기가 지나면 다시 수위는 올라갈 것으로 예상되므로 육지의 일부 부분은 지형의 변화와 함께 다시 물에 잠기게 될 것으로 추정된다.

　환단고기에서의 환국을 지나서 환웅이 제세혁랑군 3천 명과 함께 신단수에 내려온 사건이나 수메르족이 수메르 문명을 개척한 사건은 고산지대에 물을 피해서 살던 인류가 지상의 물이 빠지면서 다시 저지대로 이동한 사건으로 생각할 수 있다.

이 시기는 오행상의 봄에 해당하며 6,500년 전이라고 환단고기에 기록되어 있다.

이것을 정리해보면
1. **고산지대에서 머무르던 시기는 홍수로 인한 대피시기**
2. **하산하여 중앙아시아가 사막화하기 전의 초원지대로 비옥하던 시기는 넘치던 물이 빠지는 시기**
3. **초원지대가 사막으로 변하면서 다른 비옥한 지역으로 인구이동**

또 다른 지구변화의 요인
지구의 구성은
1. **지각과 맨틀로 구성되는 고체 부분**
2. **바다와 외핵/내핵으로 구성되는 액체**

여기에 대한 인력의 작용은 앞에서 언급된 바 있지만
1. **고체에 대한 인력은 거리의 제곱에 반비례하지만**
2. **액체에 대한 인력은 거리의 세제곱에 반비례한다.**

이러한 사항은 그림에서 봄과 가을의 가속 상황에서는 큰 변화가 없지만 원점과 근접점의 전환지점에서는 고체와 액체의 운동의 힘이 분명하게 차이가 발생함으로써 지각에 변화를 주는 영향으로 나타날 수가 있다.

그리고 이러한 상황은 가속 상황의 지구환경 변화는 점진적으로 일어나지만 전환지점에서의 변화는 아주 빠르게 일어날 가능성이 높다.

이것을 종교단체에서는 오늘날 말하는 과학적인 증거는 없지만 천재지변이 일어나는 상황인 개벽이나 휴거라고 말하는 것으로 보인다.

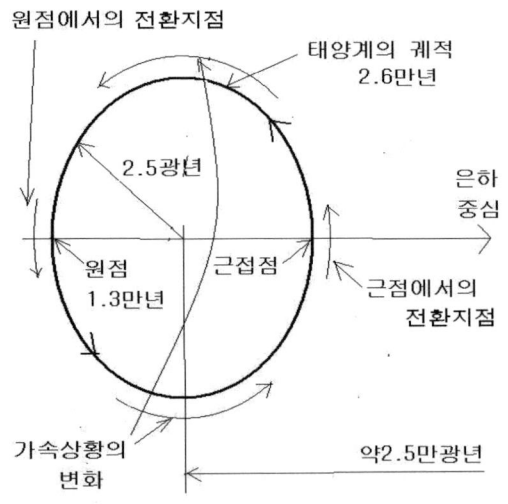

(5) 천문주기의 비교

비교표

구분		적용 기간	천문 자료	천부경으로 계산		황극 경세서의 우주 1년
				지구기준	소행성	
1년 비율			1.0	1.0	4.8	
은하계 - 천	1년	12월	2.26억년	2.26억년	47.1백만	
	1월	30일		18.8백만	3.92백만	
	1일			627천년	130천년	12.9천년
	보정	2.0		313천년		
항성집단 - 인	1년	12월		313천년	130천년	12.9천년
	1월	30일	2만6천년	2만6천년	10,899년	10,800년
	1일			872년	360년	360년
	보정	2.4		360년		
태양계 - 지	1년	12월		360년	360년	360년
	1월	30일		12년	12년	12년
	1일		1년	1년	1년	1년

소행성은 소행성의 공전주기 4.8년을 지구의 1년으로 보았을 경우이고, 지구 기준은 지구의 1년을 그대로 사용했을 때의 상황이다.

황극경세서는 소행성 기준의
우주 1년이 아닌 우주 1일

참으로 묘하게도 여기서 황극경세서란 책에서 기록되어진 우주의 1년 129,600년의 진짜 모습을 발견한 것 같다.

소강절이 약 1000년 전에 황극경세서에서 우주의 1년을 기록했을 때는 소강절이 직접 관측했던 수치가 아닌 누군가로부터 전수받은 기록으로 알고 있다.

129,600년은 은하의 1년이 아닌 은하의 1일이면서 그것도 지구 기준이 아니다.

천 년 전의 데이터가 현대 천문학에서도 밝혀내지 못하는 소행성 기준의 주기를 밝혀낼 수 없다고 보며 단순히 상상에 의해서 360 × 360을 계산했던 것으로 보인다. 아니라면 우주인이 어떻고 하는 이야기를 풀어나가야 할지도 모른다.

제 7 장

천부경의 실생활의 응용

(1) 피라미드의 생성

전 세계의 고대문명에 고루 남아있는 피라미드는 고대문명에서 조차 공통적인 개념적 논리구조를 가지고 있었다는 추론을 가능하게 하는 유물 중 하나로 본다. 이집트의 피라미드, 마야 / 아즈텍의 피라미드, 중국 장안지역의 피라미드, 그 외에도 세계 각지에 아직 구체적으로 발굴되지 않은 형태로 다양하게 남아있다.

천부경의 관점에서 보면 이러한 피라미드는 천부경 속에 있는 구절의 해석에 의해서 건설되었다는 논리적인 정리가 가능하다. 그리고 이러한 논리에 따르면 피라미드의 구조는 우주를 움직이는 가장 기본적인 단위를 말한다고 보인다. 천부경의 '**天一一地一二人一三**'에서 **다음 그림과 같이 원방각의 모습이** 나타난다.

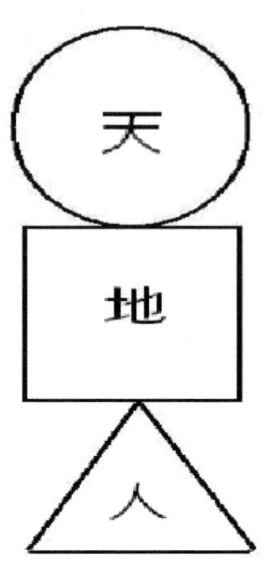

천 - 원
지 - 방(사각형)
인 - 각(삼각형)

천부경의 '運三四'에서 각각의 원방각에는 4가지의 변수를 갖고 있다는 것을 보여주고 있다. 그 네 가지는 앞에서 언급된 바와 같이 사상을 말한다. 이것은 천지인의 팔괘가 64괘로 변하는 과정을 말하기도 하고, 12개월의 변화와 12운성의 반복되는 변화과정과 일치한다.

피라미드는 물체구성의 기본단위
천부경의 '人中天地一'에서 천부경의 변화의 마무리는 인간에게 천과 지가 하나가 되어서 완성된다는 표현은 이 자체가 인간의 소

우주의 완성이라는 것이다. 천부경에서 말하는 無와 本의 연결로 마음을 가진 인간이 신과 같은 영역으로 이동했다는 뜻이기도 하다.

여기서의 신은 인간이란 개체가 갖는 신의 의미이며, 태양계를 관장하는 큰 無, 즉 창조주로서의 폭넓은 의미의 큰 신은 아니지만 큰 無와 소통할 수 있는 인간 차원의 신을 말한다.

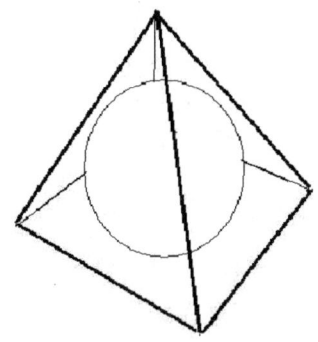

합해져서 완성된 피라미드는 우주에 존재하는 물체의 기본단위로서의 의미가 있다고 본다. 원자가 존재하는 방식도 핵과 전자가 있고, 거기에 에너지가 둘러싸고 있어서 형체를 유지하듯이 모든 우주의 물체는 이러한 세 가지 구성요소가 기본이 된다는 것이고, 피라미드는 이 원리의 표현이다.

피라미드는 단일체가 아닌 연결체
천부경의 '一積十鉅 無匱化三'에서 이 원방각의 세 개는 반복을 통해서 끊임없이 생산되고 연결된다는 것이다.

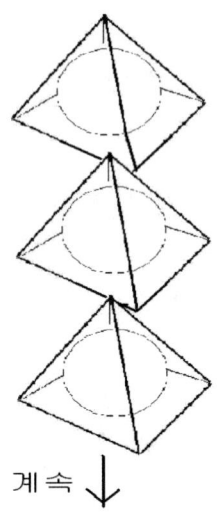

계속 ↓

이러한 모습은 과거의 피라미드를 건설했던 인간들은 왕조가 출현하면 한 개씩을 건설함으로써 자신이 신의 존재임을 모두에게 알리는 역할을 했다고 생각한다. 그리하여 피라미드는 왕조가 신의 계보인 것을 보여주는 것으로 왕조마다 계속해서 건설함으로써 연결과 누적을 시도했다고 본다.

이것은 인류의 마음속에서 지도자로서 나도 완성된 인간이라는 사실을 드러내고 싶은 인간의 원초적 욕망과 관련이 있다고 볼 수 있다. 왜냐하면 전설의 신뢰성 여부는 차치하고 고대의 왕들은 신의 경지를 가진 자가 차지했다는 추론이 가능해서이다. 그래서 고대의 지도자는 신적 존재라는 믿음을 피지배자들에게 보여줄 필요가 있었기 때문이 아닐지 생각해본다. 이 천지인과 인간이 모습을 비교해보면 다음의 그림과 같다. 모든 것이 다 갖추어진 인간의 모습이다.

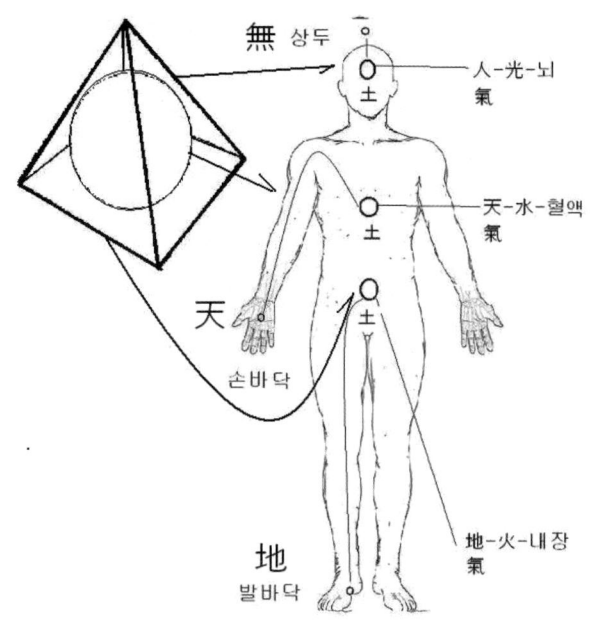

 삼각형인 인간이 천과 지의 모든 것을 품고 있으며, 인간은 사상에 따라서 4가지의 모습으로 나타난다는 것으로 삼각형 4개가 있다.

    시간적으로 유아 - 청년 - 장년 - 노년
    공간적으로 고체 - 액체 → 토.토 - 화.수
    활동적으로 살아있는 인체
        죽은 시체
        인체에 묶여있는 마음(本)
        인체를 떠난 혼(無)

 이와 같은 사물의 개념적 정의는 피라미드의 형상에 수렴한다.

(2) DNA와 천부경

1) 인간의 DNA

DNA는 우리의 신체를 구성하는 체세포에서 우리의 신체를 어떻게 구성해야 하는지, 어떻게 운영해야 하는지에 대한 정보를 보관하고 있는 정보저장 장치로 여기에서 기록된 정보에 따라서 외모도 구성되고, 산소나 영양소들을 인체의 각 부분에 전달하면서 인간은 활동하기도 하고 살아남는다. 인간의 체세포 수는 37조 개 정도이고, 인간의 몸속에 존재하는 미생물의 숫자는 39조 개 정도로 추산된다고 한다. 미생물의 숫자가 더 많은 것이다.

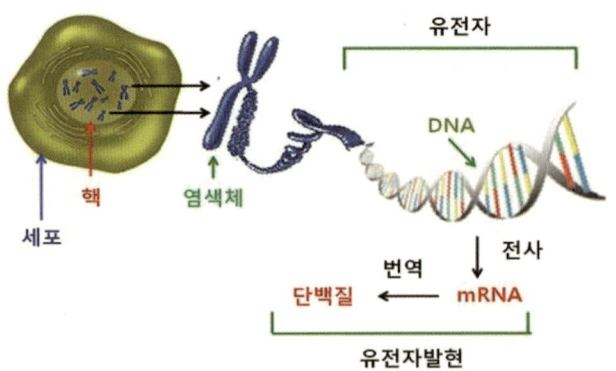

인간의 체세포가 구성되어 있는 모습으로 체세포 → 세포핵 → 염색체 → DNA로 수직적으로 세분된다.

2) 염색체

체세포 속에 있는 세포핵에는 염색체가 23쌍이 존재하는데 이 염색체에는 인간의 유전적 정보를 담고 있는 수백에서 수천 개의 DNA가 있다.

다음의 그림과 같이 23쌍의 염색체 중에 마지막 23번째 염색체는 암수를 결정하는 염색체이며, XX이면 암이고 XY이면 수로 구분한다.

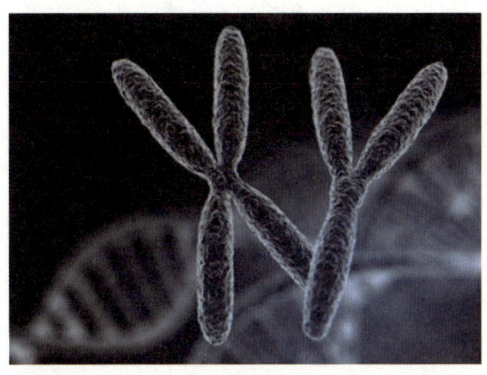

〈천부경 해석〉

남녀를 결정하는 염색체는 여자인 XX는 모두 8개의 가지를 가진 짝수의 음을 표현하고, 남자인 XY는 모두 7개의 가지를 가진 홀수로 양을 표현한다.

3) DNA / RNA

DNA는 염색체 내부에서 실같이 길게 연결되어 있는 염색사가 있는데 이것이 DNA이다. DNA와 염색체가 위치한 세포핵은 작은 구멍이 있어서 일정한 크기가 되면 빠져나가지 못하므로 DNA는 염색사가 두 가닥으로 되어 있어서 세포핵을 빠져나가지 못한다.

RNA는 염색사가 한 가닥으로 이루어져 있어서 RNA는 세포핵의 작은 구멍을 통해서 밖으로 출입할 수 있으므로 여기서의 RNA는 외부와의 정보전달용으로 사용할 수 있다. 이 RNA를 정보전달용으로 사용한다고 해서 m-RNA라고 부른다.

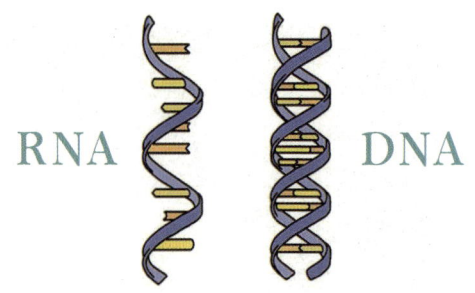

〈천부경 해석〉

DNA를 구성하는 두 가닥의 긴 염색사는 서로 대칭으로 붙어서 대응되는 유전정보를 가지고 있으므로 음양의 분화 중에서 공간적으로 분화한 것으로 천지를 상징한다. 천지는 존재할 뿐 주체적으로 움직이지는 못한다.

RNA는 한 가닥으로 되어 있고, 자유롭게 움직일 수 있다. 한 가닥은 DNA 두 가닥의 사이에 들어가서 정보를 전달하는 역할을 하므로 인의 역할을 한다고 볼 수 있다. 인은 자유롭게 움직인다.

한 가닥의 RNA는 DNA 두 가닥 중 한 가닥에만 붙어서 전사할 수 있는데 RNA가 접촉하는 한 가닥은 地를 의미할 것이고, RNA가 하늘의 뜻을 갖고 나가려면 地의 부분과 접촉해야 한다.

다음의 그림은 세포핵에서 m-RNA가 DNA의 정보를 복사하게 되는 과정인데 m-RNA가 DNA에 접근하게 되면 두 가닥 실이 효소의 작용에 의해서 벌어지면서 m-RNA가 DNA의 한 가닥에 붙어서 정보를 복사하는 과정을 진행한다.

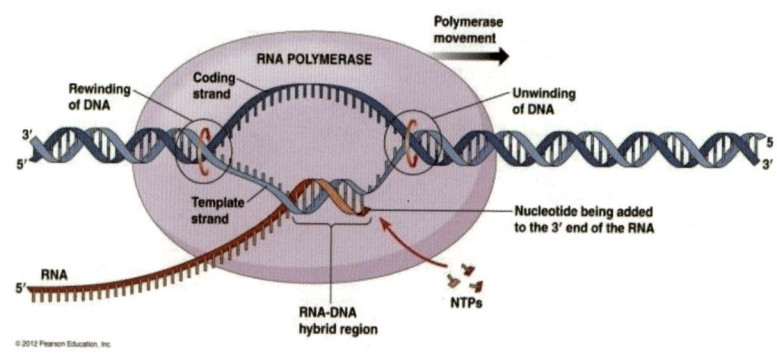

RNA 종류 m-RNA - 정보전달용   기타 RNA
　　　　 t-RNA - 아미노산 합성용

복사가 모두 끝나면 m-RNA는 떨어져서 세포핵 밖으로 나가게 되며, 이 m-RNA는 리보솜이라는 곳에 가서 떠돌아다니고 있는

t-RNA를 불러들여서 아미노산을 합성하여 단백질을 만들어낸다. 이 단백질은 몸속 구석구석을 돌아다니면서 산소의 전달이나 세포의 생성 등 주어진 임무를 수행하게 된다.

4) DNA의 내부구조

보다 세부적으로 살펴보면서 DNA의 세부작용의 상관관계를 살펴보면 다음과 같다.

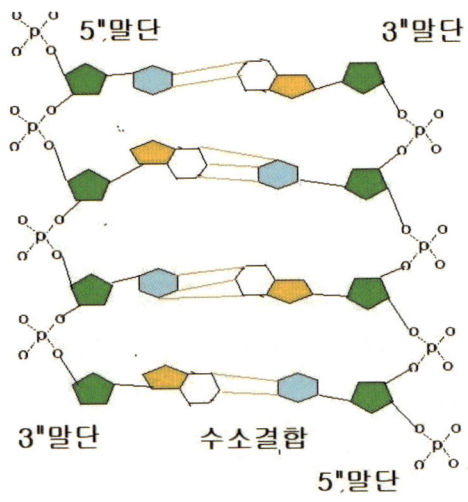

〈DNA의 사상구분〉

종류		결합	음양	모양	음양	사상
	A 아데닌	2줄	음	5+6각	음양완전체	태음
변수	T 티민	2줄	음	6각	양	소양
	U 우라실	2줄	음	6각	양	소양
	C 사이토신	3줄	양	6각	양	태양
	G 구아닌	3줄	양	5+6각	음양완전체	소음

앞의 그림에서와 같이 DNA의 두 가닥의 염색사 사이에는 이와 같이 복잡해 보이지만 일정한 규칙으로 단순하게 몇 가지의 정보만을 조합함으로써 많은 정보들을 담고 있다. 컴퓨터가 0과 1의 두 가지만으로 많은 정보를 저장하듯이 DNA는 AGTC의 네 가지로 더 많은 정보를 저장한다.

〈천부경 해석〉

결합의 형태는 드러난 활동을 상징하므로 2개 줄의 결합은 음을 나타내고, 3개 줄의 결합은 양의 활동을 나타낸다. 결합 시에 나타나는 2줄과 3줄의 힘의 바탕이 되는 오각형과 육각형은 2개가 완전히 갖춰지면 간지가 완전히 갖춘 완전체이고, 2개 중 1개씩만 존재한다면 완전히 갖춰지지 못한 상태이다.

따라서 여기서의 수소결합 활동은 양과 양, 음과 음으로 뭉쳐질 수밖에 없다. 그래서 수소결합은 오각형과 육각형이 갖춰진 완전체와 육각형만 존재하는 불완전체의 조합으로 간이 1개에 지가 2개가 붙는 결합이 된다.

여기서 오각형은 하늘을 상징하는 천간, 육각형은 땅을 상징하는 지지를 나타내며, 위 DNA 결합은 지지가 같은 간을 공유하는 간반합의 형태로 나타나며, 결속력이 강한 육합에 비해서 결합력이 현저히 약하다.

DNA의 수소결합은 천부경의 이론으로는 간반합

→ 오각형 1개(간) + 육각형 2개(지)의 결합

간반합은 60가지의 종류가 있는데 현재의 인간 유전자에서는 단지 4가지의 경우만 나타나므로 나머지 56가지는 다른 개체에서 적용될 것이다. 다른 DNA 유전자와 인간 유전자의 결합이 가능할지는 간반합의 해석이 가능할지를 분석하면 알 수 있을 것으로 보인다.

염색사는 인과 설탕의 구조로 길게 늘어지는데 단단한 결합으로 형성되어 있어서 외부적인 효소 등의 작용에도 잘 끊어지지 않도록 구성되어 있다. ATCG와 AUCG의 결합은 두 줄 결합은 두 줄만의 결합이고, 세 줄 결합은 세 줄만의 결합이 되는데, 두 줄이 세 줄과 결합할 수는 없다.

A-T, T-A, A-U, U-A, C-G, G-C

〈천부경의 해석〉
천부경에서 강한 결합과 약한 결합의 예
(음과 양) (양과 음)은 결합하지만
(음과 음) (양과 양)은 결합하지 못하고 분리된다.

(강하면서 영원한 결합) → 젊은 여자와 젊은 남자의 결합

시간흐름	수소결합요소		결합여부
	5"	3"	
1	소양	소음	결합
2	태양	태음	결합
3	소음	소양	결합
4	태음	태양	결합

(약하면서 불연속적인 결합) → 젊은 여자와 늙은 남자의 결합 또는 젊은 남자와 늙은 여자의 결합

시간흐름	수소결합요소		결합여부
	5"	3"	
1	소양	태음	결합
2	태양	소양	분리
3	소음	태양	결합
4	태음	소음	분리

5) 천부경에서 오각형과 육각형

오각형은 천부경의 오행을 표현한 도형으로 천간을 표현한다.

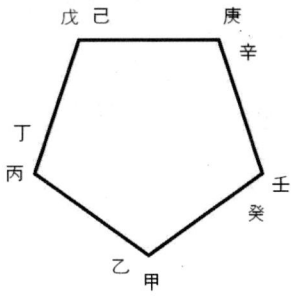

육각형은 천부경의 육기를 표현한 도형으로 지지를 표현한다.

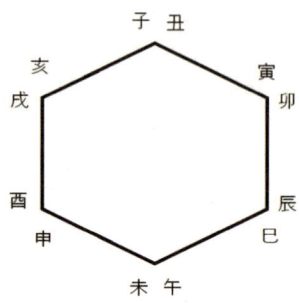

다음 그림과 같이 오각형과 육각형이 붙어있는 A와 G는 천간과 지지가 온전한 형태로 형성된 경우이고, T와 C는 육각형만 형성이 되어서 물잔에 물을 담고 뚜껑을 덮지 않은 경우로 생각하면 된다.

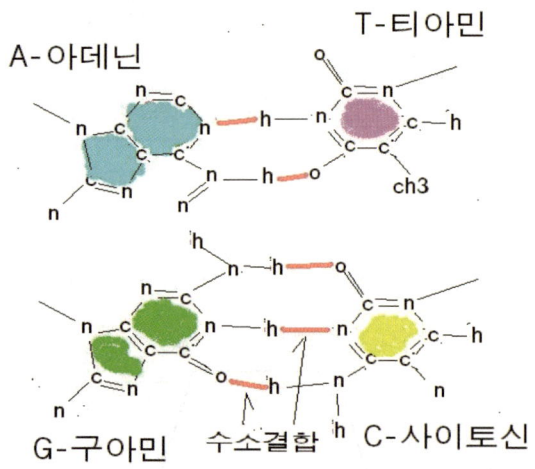

이와 같이 A와 G의 경우인 오각형과 육각형의 결합은 천간과 지지의 결합이고, 이렇게 완전한 모습이 갖춰진 상태인 A와 G는 일단 한번 결합한 이상 분리된다는 것은 죽음을 의미한다. 각각의

c-n에는 오행으로 표현할 수 있으나 여기서는 생략한다.

6) 코돈과 단백질의 제조과정

이와 같이 유전정보가 전사된 m-RNA는 리보솜이라는 단백질 제조공장으로 들어가서 t-RNA가 가져온 아미노산을 합성하여 단백질을 만들어낸다.

〈리보솜에서의 작용〉

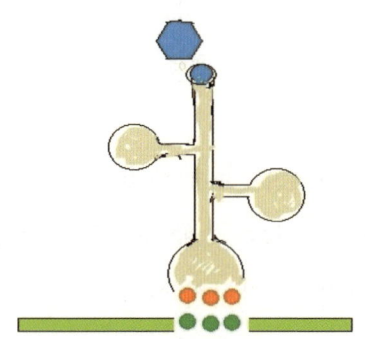

〈리보솜 중 코돈의 작용〉

리보솜에서는 t-RNA가 해당되는 아미노산을 물고 들어오면

m-RNA에 있는 유전정보를 3개 단위로 복사하여 관련된 아미노산을 만들어낸다.

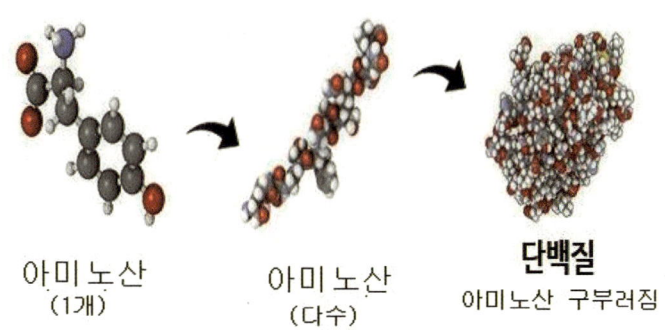

아미노산
(1개)

아미노산
(다수)

단백질
아미노산 구부러짐

이러한 아미노산이 연결된 길이가 긴 아미노산 뭉치가 만들어지는데 이런 다수의 아미노산이 선형으로 연결된 형태는 다시 일정한 형태로 구부러지면서 특정한 형태로 만들어진다. 이것이 단백질이다. 이 단백질은 혈액을 타고 온몸을 돌아다니면서 주어진 임무를 수행하는 것이다. 이렇게 아미노산의 단위정보를 찍어내게 하는 3개의 단위를 코돈이라 하는데 앞의 그림과 같다.

이 코돈의 정보 중에는 STOP을 의미하는 정보도 포함하므로 일단 시작하면 정지정보가 나타날 때까지 계속해서 찍어낸다. 여기서 3개의 정보는 각각 1개당 4가지의 AGTC의 변수를 가지고 있으므로 이 3개의 정보가 만들어낼 수 있는 경우의 수는 64개가 된다.

$4 \times 4 \times 4 \rightarrow 64$

아미노산 조합은 64가지이지만 중복된 기능을 제외하면 실제로 아미노산의 종류는 현재 21가지로 구분되어져 있다.

〈천부경 해석〉

코돈의 3개의 정보가 정지신호가 발견될 때까지 끝없이 복사하는 과정은 천부경에서 '일적십거 무궤화삼'의 구절과 일치한다. 또 3개의 정보의 경우의 수가 64개가 되는 것은 '운삼사'의 경우의 수가 64를 보이는 것과 같다. 이것이 발전하여 주역의 64괘가 되었으므로 64괘의 모습이 코돈표의 64가지와 같은 모습을 보인다.

그러나 이 두 개의 경우의 수를 산출하는 방법에는 근본적인 차이가 있는데 이것은 뒤에 나오는 주식데이타의 움직임에서 둘의 차이를 검증한 바 있으나 둘은 다른 결과를 나타내는 것으로 나타나면서 주역의 64괘 해석은 다시 검증할 필요성을 느낀다.

64괘의 8괘 × 8괘 → 64의 경우의 수
코돈표의 4 × 4 × 4 → 64의 경우의 수

또한 주역에서는 64괘에 추가하여 6효를 적용하여서 384가지의 경우의 수로 확장되지만 DNA에서는 그와 같이 확장의 필요가 없다고 검토되었다. DNA에서는 육각형의 6개 변수가 존재하지만

1. 2개는 오각형에 붙어있고
2. 2~3개는 연결매체로서 역할을 해야 하므로

3. 남는 것은 1~2개에 불과하므로

경우의 수에서 큰 변수가 생길 여지는 없다. 단지 나머지의 1~2개는 메틸과 아세틸의 역할이 남아있으므로 추가적인 작은 변수는 생길 수 있을 것으로 보인다.

〈코돈표〉

둘째 인자	첫째 인자				셋째 인자
	U	C	A	G	
U	UUU 페닐라민	CUU 세린	AUU 티라민	GUU 사이스타인	U
	UUC 페닐라민	CUC 세린	AUC 티라민	GUC 사이스타인	C
	UUA 류신	CUA 세린	AUA STOP	GUA STOP	A
	UUG 류신	CUG 세린	AUG STOP	GUG 트랍토판	G
C	UCU 류신	CCU 프롤린	ACU 히스티딘	GCU 아르기닌	U
	UCC 류신	CCC 프롤린	ACC 히스티딘	GCC 아르기닌	C
	UCA 류신	CCA 프롤린	ACA 글루타민	GCA 아르기닌	A
	UCG 류신	CCG 프롤린	ACG 글루타민	GCC 아르기닌	G

A	UAU 이소류신	CAU 트리아민	AAU 아스파라긴	GAU 세린	U
	UAC 이소류신	CAC 트리아민	AAC 아스파라긴	GAC 세린	C
	UAA 이소류신	CAA 트리아민	AAA 라이신	GAA 아르기닌	A
	UAG-시작 메티오닌	CAG 트리아민	AAG 라이신	GAG 아르기닌	G
G	UGU 베일린	CGU 알라민	AGU 아스파틱산	GGU 글리신	U
	UGC 베일린	CGC 알라민	AGC 아스파틱산	GGC 글리신	C
	UGA 베일린	CGA 알라민	AGA 글루타믹산	GGA 글리신	A
	UGG 베일린	CGG 알라민	AGC 글루타믹산	GGG 글리신	G

7) 유전인자의 후세전달

천부경에서 나타나는 '일적십거 무궤화삼'에는 공간적으로 한 개씩 추가하여 세 개씩의 만들어가면서 피라미드를 만들어서 물질의 기본단위를 구성하기도 하지만 시간적으로도 유전인자의 본질을 한 개씩 후대에 전달하면서 DNA를 복제하는 기본원리가 되기도 한다.

22)후성유전자는 3대의 단위로 선천성으로 전환

생명체의 개체를 실험대상으로 할 수가 없으므로 주식의 DATA를 보고 비교하였다. 내가 마음을 바꾸어서 나의 마음가짐과 신체의 구조가 바뀌었다고 하자. 그러면 내 2대 후손이 바로 이어받지 못한다. 대가 끊어지지 않는 한은 4대에서 이어받는다. 4대에서 이어받지 못한다면 7대, 10대의 3의 배수로 이어진다고 볼 수 있다.

이 3대 단위의 전달은 중요한 후성유전자의 유전자 변이가 선천성으로 바뀌어 선천유전자의 하나로 굳어져서 계속 후손에게 전달되는 과정을 뜻한다. 2대, 3대가 동일한 후성유전자가 발현이 되었다면 4대부터는 드물게 나타나는 유전이 아닌 집안 전체의 선천성 고유 유전자로 나타날 것이다.

후성유전자는 정자 / 난자 결합 시에 모두 제거

이 내용은 내 DNA의 정보가 22)메틸화와 아세틸화를 거치면서 후성유전자가 내 DNA에 기록되었더라도 정자와 난자의 만남에서 수정될 때는 후성유전자 변이가 모두 제거된 상태에서 결합된다는 사실을 보아도 알 수 있다.

---

22) 후성유전자, 후천성유전자로 살아가면서 환경의 변화에 적응하면서 후천적으로 변화된 유전자를 말한다.

23) 메틸화와 아세틸화, DNA의 정보에는 메틸과 아세틸이라는 물질이 있어서 메틸은 유전자의 작용을 멈추게 하는 역할을 하고, 아세틸은 멈추어진 유전자의 활동을 다시 움직이게 하는 역할을 한다.

대부분의 인간의 후손들은 부모의 조기교육과 부모와 같은 환경에서 보고 들은 바에 의해서 동일한 후성유전자의 변화가 이루어지기 때문에 같은 모습으로 보일 뿐이다. 이러한 후성유전자가 3대를 누적하면 4대부터는 선천성 유전자로 굳어진다는 뜻이다.

8) 다양한 결합의 천부경적인 형태

천부경에서 간반합

오행의 상호작용의 용어로 간반합이란 반쯤 합해졌다는 말로서 합보다는 결속력이 약하다. 합은 음과 양의 결합으로 궁합이 좋은 남자와 여자의 만남을 의미하는데, 간반합의 경우는 둘 다 양이거나 둘 다 음이면서도 결합하는 경우를 말하는데 같은 스승을 둔 남자들의 모임이나 같은 목적을 가진 사람들의 모임으로 비유할 수 있으며, 이 경우의 수는 아래와 같이 60개로 나타난다.

**2개의 간지가 결합할 수 있는 총 수효는 총 3,600개로
간반합의 결합은 총 40개의 경우의 수중에서
인간 DNA의 사상의 결합은 4개뿐임**

이 네 개는 어떤 결합에 해당하는지는 분자구조에 대한 분석을 해보면 알 수 있을 것이다.

〈양효의 반합 - 30개〉

삼합	반합	甲甲	丙丙	戊戊	庚庚	壬壬
申子辰	申子	申子	申子	申子	申子	申子
	子辰	子辰	子辰	子辰	子辰	子辰
	申辰	申辰	申辰	申辰	申辰	申辰
寅午戌	寅午	寅午	寅午	寅午	寅午	寅午
	午戌	午戌	午戌	午戌	午戌	午戌
	寅戌	寅戌	寅戌	寅戌	寅戌	寅戌

〈음효의 반합 - 30개〉

삼합	반합	乙乙	丁丁	己己	辛辛	癸癸
巳酉丑	巳酉	巳酉	巳酉	巳酉	巳酉	巳酉
	酉丑	酉丑	酉丑	酉丑	酉丑	酉丑
	巳丑	巳丑	巳丑	巳丑	巳丑	巳丑
亥卯未	亥卯	亥卯	亥卯	亥卯	亥卯	亥卯
	卯未	卯未	卯未	卯未	卯未	卯未
	亥未	亥未	亥未	亥未	亥未	亥未

(3) 주식 DATA와 천부경

　주식시장은 인간의 욕망과 천재지변, 전쟁, 경제상황 등 모든 요인들이 어우러져서 나타나는 우리의 인간세계의 현재 모습을 수치로 정확하게 표현해주는 하나의 그림이라 생각된다. 주역은 동양에서 수천 년간 내려오면서 세상의 변화하는 모습을 표현하는 부호로 생각되었고, 나는 한때는 실제로 이것을 공부하면서 주역의 괘상을 뽑아서 실생활에 적용시켜 보았더니 조금은 만족스러운 결과가 있었다.

　그래서 '이것을 컴퓨터 프로그램으로 만들어서 자동화시키면 어떨까?' 하는 생각을 하게 된 것이 내가 천부경과 주식데이터를 결합하게 된 계기가 되었다.

　처음에는 천부경이란 것을 소문으로만 들어봤지 실제로 접해보지는 못했고, 세상에 가장 많이 알려진 공자가 엮었던 주역이란 책이 동양의 대표적인 책으로 생각하고 있었기 때문에 이것만 제대로 터득하면 좋은 결과가 있을 것으로 기대했었다.

그러나 주역은 공부하여 뜻을 알아내기도 어렵지만 어렵게 프로그램을 만들어서 결과를 도출해봐야 도대체 맞는 것보다 틀리는 것이 더 많은 것에 조금은 황당했다. 그래서 깊이 고민하고 내린 결론은 주역에 표현된 용어 자체가 인문학적인 말로 표현된 것이 다수로서 '이리 생각하면 이렇고 저리 생각하면 저것 같은' 생각이 드는 모호한 점이 있다는 것이다. 적어도 수치가 계산되려면 (+)이든 (-)이든 명확한 기준이 나와야 하는 것으로 생각되었다. 그래서 확률로 나타나는 것이 아닌 명확하게 음양으로 구분이 되는 데이터가 필요하다.

주역의 근거

그래서 주역이 나오게 된 근거부터 죽 거슬러 올라가면서 주역의 기본적인 이론을 공부하다가 보니 하도낙서를 공부하면서 거북 등껍질과 용마의 허구를 알게 되었다. 그리고 나서 주역이 발생한 근거는 천부경이라는 사실이 눈에 들어오기 시작했다.

천부경에는 아주 간결하게 81자의 한자로 표현되었지만 인문학적인 말로만 채워진 주역과는 달리 전체가 숫자로 구성되어 명확한 수학적 관점에서 보아야 한다는 생각이 들었다. 그러나 이미 나온 해석들을 접했을 때는 역시나 인문학적인 해석에만 치중하여 뜬구름 잡는 듯한 내용이 대부분인지라 모두 참고할 만한 내용이 없었다.

주식데이타로 천부경을 해석

그래서 현시대에 전 세계의 움직임을 가장 잘 표현하는 주식데이타는 우주의 원리를 표현하는 가장 훌륭한 소재로 판단하였다. 천부경과 주식데이타를 오가면서 프로그램을 하고 현실적인 적용을 해오다가 마침내 천부경의 의미를 대부분 해석할 수 있게 되었다.

이후에 나타나는 내용들은 모두 천부경을 적용한 실제의 주식데이타로 움직임을 검증하여 만들었다. 그러나 아직은 완전히 해독되지 못하였으므로 다소의 오류는 있을 수 있다. 그러나 전체적인 틀은 대부분 갖춰졌으나 그 틀에 들어가는 DATA는 다 채워 넣지 못했다. 그렇다 하더라도 천부경의 전체를 논리적으로 해석하는 부분에서는 문제가 없는 것으로 보인다.

1) 주식데이타의 천부경식 정렬방법

매일 발생하는 주식데이타는 시초가 - 고가 - 저가 - 종가로 구분되어 한 개의 막대그래프로 발생한다. 이 데이터가 종가가 시초가보다 높을 경우는 양봉, 종가가 시초가보다 낮을 경우는 음봉으로 음양이 구분된다.

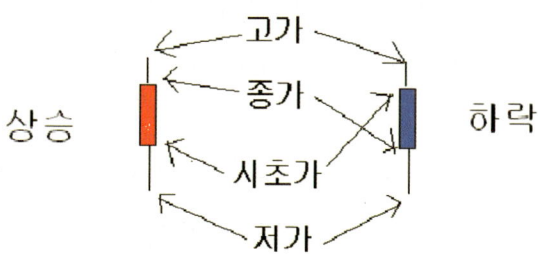

이 양봉과 음봉이 사상을 가지기 위해서는 2일간의 데이터를 겹쳐놓을 경우에 사상의 모습이 나타난다. 천지인은 일적십거 무궤화삼에 의해 데이터는 매일 지속적으로 발생하는데 운삼사성환오칠로 6일간의 데이터를 묶으면 사상 - 천지인의 피라미드의 데이터 형태가 만들어질 수 있다.

1. **천은 가장 먼저 발생한 데이터 - 1, 2 - 2일간**
2. **지는 두 번째 발생한 데이터 - 3, 4 - 2일간**
3. **인은 가장 최근에 발생한 데이터 - 5, 6 - 2일간**

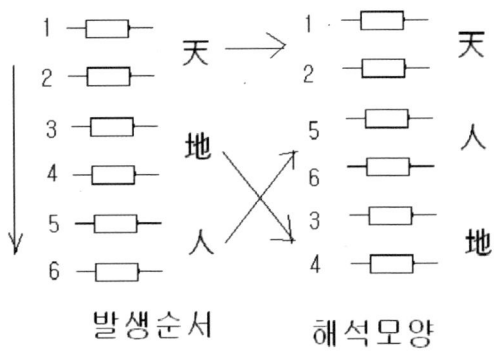

주의할 점은 여기서는 하루의 일 단위로 표현되었지만 이 단위는 하루가 될 수도 있고, 한 달이 될 수도 있고, 1년이 될 수도 있는 상황에 따라서 단위를 정할 수가 있다.

주식데이타의 괘상과 주역 64괘는 다르다

이 모습은 전체적으로는 공자의 주역에 나타나는 64괘와 같지만 주역에서는 3일간의 데이터로 팔괘를 만들고, 그 팔괘를 그 앞의 팔괘와 중첩해서 만드는 주역의 64괘와는 만들어지는 경로나 나타내는 의미는 완전히 다르다. 그리고 이 모습은 DNA의 코돈의 모습과 닮아있다. 코돈은 아미노산을 3개씩 찍어내는데 그 1개는 4개의 변수를 가지므로 이 주식데이타의 접근방식과 동일하다.

2) 주식데이타의 괘상은 미래의 괘상을 만들 수 있다

이것은 주식데이타에서도 코돈표와 마찬가지로 피라미드 형상의 64개의 데이터모듈이 존재한다는 것도 의미한다. 그러나 주식데이타에서는 '대삼합육생칠팔구'를 적용하여 겪어보지 않은 미래의 모습을 추출하여야만 주식데이타를 활용하는 목적이 달성될 것이다.

'운삼사' → '일적십거무궤화삼' → '대삼합육생칠팔구'
대삼합육 → 과거와 현재
생칠팔구 → 미래

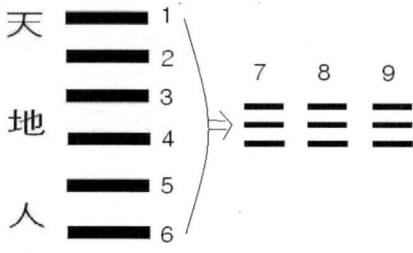

이 모양이 현재와 과거의 대삼합육이고, 생칠팔구로서 미래의 모습이 3개의 괘상으로 나타난다.

7 - 하늘의 뜻의 괘상

8 - 땅의 뜻의 괘상

9 - 인간의 뜻의 괘상

실제 주식데이타의 정리

그러면 다음부터는 실제 주식시장에서 DATA를 어떻게 천부경과 연결하여 7 - 8 - 9의 괘상을 추출하는지를 알아보자.

1. 날짜별 주식데이타
2. 날짜별 데이타에 따른 현재 괘상의 형성
3. 괘상의 재배열
4. 날짜별 특성과 괘상별 특징분리
5. 미래괘상의 산출

3) 주식 DATA도 3단계를 적용한다

주식데이타의 변화는 현재 데이타에 기초하여 미래의 데이타를 상대적인 변화를 적용하여 미래를 만든다. 미래괘상의 적용은 7 - 8 - 9에 해당되지만 바로 직전의 데이터가 상대적인 변화를 일으키는 것이 아닌 3일 전의 데이터가 오늘의 상대적 변화에 기반이 되는 것이다. 다음과 같이 구분한다.

1. 음양의 전환 - 변화를 추구하는 인자
2. 음양의 불변 - 현상을 추구하는 인자

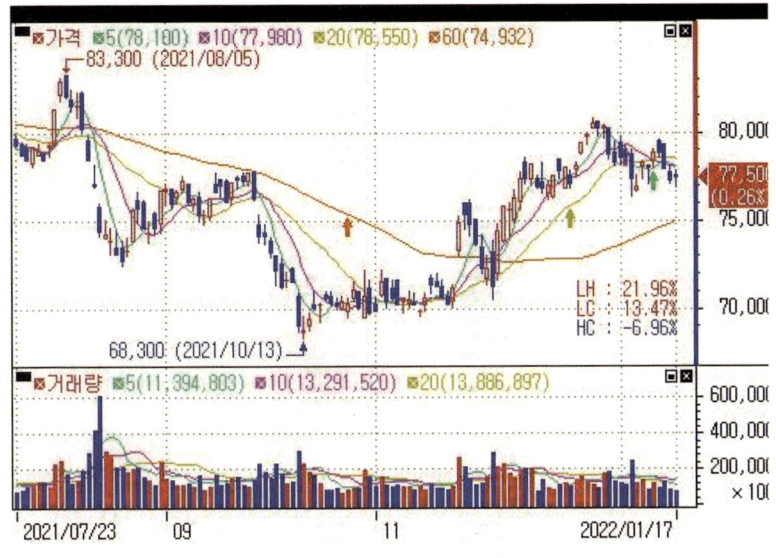

〈주가챠트〉

〈날짜별 주가 DATA〉

샘플로 취한 주가의 DATA는 숫자를 그대로 적용하였을 경우는 상당히 복잡한 계산이 필요하게 되는데 이 책에서는 전체적으로 개념의 이해만을 전제로 하였으므로 숫자를 제외한 음양의 모양만을 취하여 진행한다.

적용날짜	시간배열괘상	공간배열괘상	미래괘상
1-6	䷒	䷊	7-8-9
2-7	䷊	䷒	7-8-9
3-8	䷊	䷒	7-8-9
4-10	䷒	䷊	7-8-9
5-11	䷊	䷒	7-8-9
6-12	䷊	䷒	7-8-9
7-13	䷒	䷊	7-8-9
8-14	䷊	䷒	7-8-9
9-15	䷊	䷒	7-8-9

〈날짜별 DATA에 따른 현재 괘상의 형성〉

날짜	음양	날짜	사상	팔괘 날짜	천부 팔괘	공자 팔괘
1	양(+)					
2	양(+)	12	太陽(2)			
3	(−)음	23	小陽(1)			
4	(−)음	34	太陰(4)			
5	(−)음	45	太陰(4)			
6	(−)음	56	太陰(4)	01-06	艮244	풍지관
7	(−)음	67	太陰(4)	02-07	艮144	산지박
8	양(+)	78	小陰(3)	03-08	坤434	지산겸
9	양(+)	89	太陽(2)	04-09	坎424	뇌산소과
10	(−)음	910	小陽(1)	05-10	坎413	중뢰진
11	(−)음	1011	太陰(4)	06-11	震442	지택림
12	양(+)	1112	小陰(3)	07-12	坎313	수풍정
13	(−)음	1213	小陽(1)	08-13	離241	천지부
14	양(+)	1314	小陰(3)	09-14	艮133	산화비
15	(−)음	1415	小陽(1)	10-15		

⟨괘상의 재배열과 미래괘상의 산출⟩

미래괘상은 편의상 여기에서 표시하지 않음

⟨날짜별 특성 : DATA의 날짜와 갑자⟩

앞의 도표에서 미래괘상 7 - 8 - 9는 천부경에서 언급한 '대삼합육생칠팔구'에서 칠팔구의 생성과정이면서 필요한 날짜의 음양데이타가 필요하다. 날짜를 기준으로 다음과 같은 해당 날짜의 십간십이지에 해당하는 고유정보가 존재한다.

⟨날짜의 특징⟩

날짜 순서	실제 날짜			갑자	천수	지수	인수	비고
	연도	월	일					
6	2021	7	12	壬戌	1	5	2	
7	2021	7	13	癸亥	6	6	6	
8	2021	7	14	甲子	3	1	1	
9	2021	7	15	乙丑	02-08	04-10	1	
10	2021	7	16	丙寅	01-07	3	2	
11	2021	7	19	己巳	04-10	02-08	1	
12	2021	7	20	庚午	03-09	01-07	1	
13	2021	7	21	辛未	4	04-10	3	
14	2021	7	22	壬申	1	03-09	4	
15	2021	7	23	癸酉	6	4	2	

천의 수와 지의 수와 인의 수는 위 사항에서 본래의 숫자대로 적용되지 않는다. 주가지수의 상태와 숫자의 상황에 따라서 다시 순서를 배열해야 한다.

〈하늘의 수〉

	甲	乙	丙	丁	戊	己	庚	辛	壬	癸	
오행수	3	8	7	2	5	10	9	4	1	6	
6진수	3	2	1	2	5	4	3	4	1	6	6진법

〈땅의 수〉

	子	丑	寅	卯	辰	巳	午	未	申	酉	戌	亥	
오행수	1	10	3	8	5	2	7	10	9	4	5	6	
6진수	1	4	3	2	5	2	1	4	3	4	5	6	6진

위의 하늘의 수와 땅의 수는 글자가 정해진 대로 만들어지는 숫자이지만 사람의 수는 자연으로 만들어지지 않는다. 약간은 복잡한 방법이 동원되는데 지면이 좁은 여기서는 소개하기가 적절치 않아서 생략한다.

〈괘상별 특징〉

위의 내용과 함께 추가로 알아야 할 내용은 6개의 데이터가 말하는 실제 현실에서의 방향성이 아래로 가는 것을 뜻하는지, 위로 가는지를 뜻하는 것인지는 별도로 도표로 만들어 놔야 한다. 다음에서 몇 개만 예시해보면 각각은 4가지의 형태로 움직임을 표현한다.

〈풍지관괘의 방향성〉

천부팔괘	공자팔괘	효	1	2	3	4
艮244	풍지관	6	(++)	(++)	(++)	(++)
		5	(−+)	(−−)	(−−)	(−+)
		4	(−+)	(−+)	(−+)	(−+)
		3	(++)	(++)	(+−)	(+−)
		2	(+−)	(−−)	(−−)	(+−)
		1	(−−)	(−−)	(+−)	(+−)

〈풍택중부괘의 방향성〉

천부팔괘	공자팔괘	효	1	2	3	4
離242	풍택중부	6	(+−)	(−−)	(−−)	(+−)
		5	(++)	(++)	(−+)	(−+)
		4	(+−)	(++)	(++)	(+−)
		3	(+−)	(+−)	(++)	(++)
		2	(+−)	(+−)	(+−)	(+−)
		1	(−−)	(−−)	(−−)	(−−)

〈중산간괘의 방향성〉

천부팔괘	공자팔괘	효	1	2	3	4
艮134	중산간	6	(−−)	(−−)	(−−)	(−−)
		5	(−+)	(−+)	(++)	(++)
		4	(++)	(−+)	(−+)	(++)
		3	(−+)	(−+)	(−−)	(−−)
		2	(+−)	(++)	(++)	(+−)
		1	(−+)	(−+)	(−+)	(−+)

천부경의 64괘상

천지인의 구조에서 먼저 천지의 4상이 서로 어우러져서 16개의 형상이 먼저 나타나고 다음으로 인의 4상이 어우러지면서 64개의 형상이 나타난다

천지의 4 × 4 = 16의 상

		소양	1	태양	2	소음	3	태음	4
소양	1	태양	11	태양	21	소음	31	소음	41
태양	2	태양	12	태양	22	소음	32	소음	42
소음	3	소양	13	소양	23	태음	33	태음	43
태음	4	소양	14	소양	24	태음	34	태음	44

인의 16 × 4 = 64의 상

공자의 64개나 되는 복잡한 이름을 8개의 단순팔괘와 함께 음양의 배열에 따른 번호를 붙여서 구분하였다.

		소양 1	태양 2	소음 3	태음 4
태양	11	乾 111	乾 121	離 131	離 141
태양	12	乾 112	乾 122	離 132	離 142
소양	13	巽 113	巽 123	艮 133	艮 143
소양	14	巽 114	巽 124	艮 134	艮 144
태양	21	乾 211	乾 221	離 231	離 241
태양	22	乾 212	乾 222	離 232	離 242
소양	23	巽 213	巽 223	艮 233	艮 243

소양	24	巽 214	巽 224	艮 234	艮 244
소음	31	兌 311	兌 321	震 331	震 341
소음	32	兌 312	兌 322	震 332	震 342
태음	33	坎 313	坎 313	坤 333	坤 343
태음	34	坎 314	坎 314	坤 334	坤 344
소음	41	兌 411	兌 421	震 431	震 441
소음	42	兌 412	兌 422	震 432	震 442
태음	43	坎 413	坎 413	坤 433	坤 443
태음	44	坎 414	坎 414	坤 434	坤 444

〈미래괘상의 추출〉

이와 같이 과거의 DATA가 6개 단위가 형성이 되면 미래를 말해주는 괘상이 3개가 나타난다. 오늘의 주식시장이 끝나고 나면 내일의 움직임이 다음과 같은 것임을 알 수 있다.

1. 천 - 시초가
2. 지 - 종가
3. 인 - 중간과정의 움직임

이 세 가지의 변화가 내일의 움직임이 되는 것이다. 이것이 천부경에서 말하는 789로서 本은 알 수 없지만 無는 이런 움직임을 미리 계산하고 유사시에 無는 本에게 위험고지를 한다. 이것이 예지몽이다. 그러나 이런 미래예측은 미래를 길게 예측하지는 못한다. 왜냐하면 과거 6개 데이터가 축적되어야 1개를 알 수 있으므로 미래예측은 짧을 수밖에 없다.

그리고 주식 DATA의 활용은 더 이상 설명하지 못한다. 이해가 가능하도록, 그리고 사용이 가능하도록 해설하자면 이런 책 3권 정도의 방대한 내용이 나타나야 하는데 나도 아직은 모두 정리한 것은 아니다. 우주 비밀의 근거는 3이라는 숫자이지만 말초신경까지 뻗어내린 세부적인 요인은 너무도 방대하였다.

4) 주식시장의 주식 - 선물 - 파생으로 양자적 이합집산

주식이 처음 생겨날 때는 순수 주식만을 거래하는 단순한 시장이었으나 위험분산이라는 인간의 생존본능과 탐욕이라는 요소가 더해지면서 선물시장이 생겨났고, 또다시 그도 못 믿는 생존본능은 파생시장이 생겨나면서 현재의 세계적인 거래시장이 형성되었다.

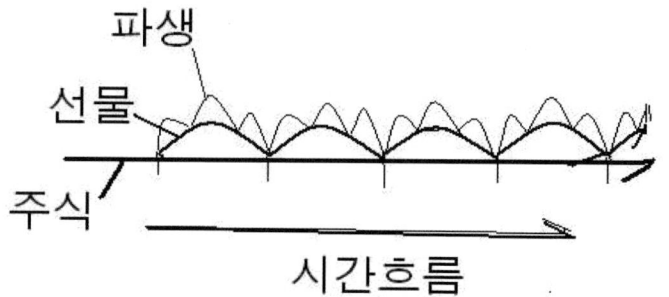

주식이라는 한 개의 DATA를 이용하여 움직임을 별도로 관리하는 시장이 두 개가 더 발생된 것이다. 이것은 인간이 인간의 생존영역을 가상의 세계로도 확장하려는 본능을 가지고 있다고 보인다. 요즘 생겨나는 메타버스 등의 가상현실의 문제도 이와 다르지 않다.

미시세계의 논리를 연구하는 양자역학이 현실세계에서도 인간에게 투영되고 있는 현상이며, 이것은 양자중첩을 지나서 양자분리의 현상이 인간의 마음에서 일어나고 있는 것이다.

제 8 장

종교와 천부경

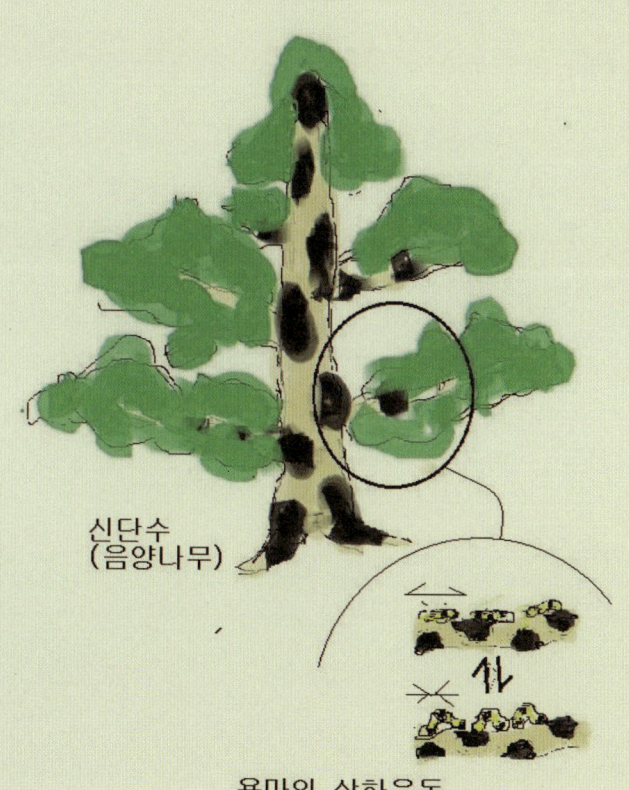

신단수
(음양나무)

용마의 상하운동

(1) 동양종교와 서양종교의 차이점

종교의 뜻

종교는 표의문자인 한자로 宗敎라고 쓰는데 '마루 宗'의 뜻은 사물의 첫째가는 가장 우선된다는 뜻에 '가르칠 敎'를 조합한 글자로 가장 위대한 가르침이라는 뜻이다. 반면에 서양에서는 'RELIEGEON'이라 사용하며, 현재 사용하고 있는 의미로는 인간보다 더 초월적 존재에 대한 경외감 또는 믿음이라는 뜻으로 사용하고 있어서 동서양에서 종교에 대한 관점과 이해는 다소간에 차이를 보인다.

이러한 차이는 실제로 동양의 종교에서는 수행의 방법에 중심을 두고서 개인적인 믿음은 부차적인 요소로 생각한다. 특별히 배타적이거나 폭력적인 상대를 만나지 않는다면 모든 것을 개개인의 뜻을 존중하며 개인 간 또는 집단 간의 충돌은 일어나지 않는다.

반면에 서양의 관점에서 종교는 정해진 신에 대한 개인의 믿음을 더 중시하고 따르면서 개인의 역량을 강화시키는 수행은 소홀하다 보니 절대자를 향한 기도에 중점을 두고 집단화되는 경향이 있으므로 다른 종교에 대한 배타적인 성향을 가지고 있다. 다른 생각을 가진 사람들을 만나면 사회적 갈등을 유발할 수 있고 혼란을 일으킬 수 있다.

종교의 시작과 유일신

세상의 모든 종교가 천부경에서 시작되었다고 생각되는데, 불과 81자밖에 안 되는 천부경의 글자에서 어떻게 종교라는 개념이 끌려나왔는지 생각해보자.

먼저 기독교의 창세기를 인용하여 보면, "태초에 하나님이 천지를 창조하시니라 …… 하나님이 빛과 어둠을 나누사 …… 뭍을 땅이라 부르고, 모인 물을 바다라 부르시니 …… 하나님이 이르시되 우리의 형상을 따라 [24)]우리의 모양대로 우리가 사람을 만들고, 그들로 온 세상 만물을 다스리게 하자 하시고, 하나님이 곧 하나님의 형상대로 사람을 창조하시되 남자와 여자를 창조하시고 …… (후략) ……."

여기서 하나님이란 존재가 가장 먼저 출발하며 이것은 천부경의 가장 첫 문장 '一始無始一'에서 無라는 존재와 같은 것이라 할 수

---

24) 하나님을 표현한 용어에 의아스럽게도 하나님이 한 분이 아니라는 뜻인 복수가 나타난다. 오역인지 원문이 그런지는 나도 잘 모르겠다.

있다. 이 無는 세상을 시작하게 만들었으므로 창조주라고 볼 수 있는 것이다.

사람을 만드는 부분에서는 '析三極 無盡本'의 내용과 동일하다. 無를 대신할 수 있는 本을 만든다는 것이다. 남자와 여자가 만들어지는 과정은 '天二三地二三人二三'에서 음양의 분화와 동일하다.

천부경이 이야기에서 한자로 전환추정

이것은 천부경도 역시 초기에 구전으로 전해질 때에는 창세기와 같이 이야기의 형태로 전해졌던 것이 천부경의 원형이라고 생각된다. 천부경은 나중에 최치원에 의해서 이 이야기의 형태를 81자의 한자로 축약해서 현재에 우리가 볼 수 있게 된 것으로 추정된다.

하나님이 인간을 만든 이유는 대행체제

'無盡本'에서와 같이 無는 本이라는 존재를 직접 만들어내면서 本이 無를 대행한다. 無가 만들어낸 本은 처음에는 역시 갓 태어난 존재이고, 本은 인체를 받은 이상 인체(一)를 잘 움직이기 위해서는 많은 것들을 배워야 아는 존재일 뿐이다. 이때의 本은 기독교에서 말하는 인간이라는 존재인 아담과 이브가 되는 것이고, 인간으로 하여금 세상을 관리하게 한다는 것이다.

本은 無를 대신하여 만들어진 대행자가 되므로 유일신을 신앙하는 종교에서는 종교를 창시한 처음의 지도자를 아들 또는 대행자라는 말을 쓰지만 스스로를 창조주라고 하는 일은 거의 없다. 창조주라는 말을 꺼내는 순간에 논리의 스텝이 꼬여버리는 것을 막을 방법이 거의 없으므로 사이비라는 비난을 감내해야 할 수도 있다. 왜냐하면 창조주는 전지전능하기 때문이기도 하지만 어떤 인간도 창조주와 같아질 수 없다는 전제가 깔려있다. 이것이 유일신을 바탕으로 하는 기독교의 개념이며, 천부경과 창세기가 일치하는 부분이다.

수행의 출발 - 천부경이 창세기에 추가하는 인간의 목적

천부경에서는 인간 창조에 대한 과정 이외에 인간의 본질과 나아가야 할 바를 제시하고 있다. '本心本太陽'이라는 부분에서 인간의 마음을 훈련하는 과정을 언급하고 있는데 인간의 마음은 태양과의 동질성을 강조하고 있다.

인간의 마음도 역시 하느님의 마음과 같은 밝음을 가져야 한다는 뜻으로 태양의 존재를 거론하고 있다. 인간의 마음도 역시 신과 같은 밝은 마음을 가지기를 바라면서 공부에 매진하라고 하는 것이다.

無가 本을 대행자로 내세운 이유

인간들은 중요한 일을 앞두고는 사전 시나리오에 따라서 여러 가지 케이스를 두고 연습을 한다. 다양한 경우를 연습하다가 가장 적합한 것을 선택하는 과정인 것이다. 그러나 어떤 것을 선택하기 위함인지는 아무도 모른다.

그것이 단순히 창조주인 無의 노예가 많이 필요한 것인지 창조주인 無와 같이 일할 동료가 많이 필요한 것인지는 현재 갈려진 인간의 종교와 같이 단순하지는 않을 것이다. 단지 천부경에서 던져진 문장에는 신의 마음인 밝음과 함께 신이 된 인간의 모습이 제시되어져 있다는 점에서 후자를 선택하고 싶다.

인간의 개개인에게 주어진 無는 대행자인 本이 자신과 연결되기를 기다린다. 그러나 권한을 위임받은 本은 인간의 신체의 주인이 되면서 신체의 변화에도 관심을 주어야 하는 쉽지 않은 삶을 살아야 한다. 왜냐하면 인체의 변화도 역시 本의 변화에 영향을 주기 때문이며 이러한 어려운 마음의 상태 역시도 수행의 과정이다.

다양한 환경에서 이를 극복하는 과정 그 자체가 수행이다. 어려운 환경 자체가 수행의 소재라는 것을 말하는 것이다. 이것이 수행을 중시하는 종교의 진전된 개념이다. 그렇다고 신의 존재를 부정하지는 않고 스스로 신과 연결되거나 비슷하게 다가가는 것이다.

신의 고민

신의 고유한 능력은 창조다. 창조를 하려 해도 알아야 창조를 한다. 우주는 시시각각 환경이 변화하고 있다. 신도 전지전능하지는 않다. 태양계가 시시각각 은하의 중심에 있는 블랙홀로 빠져 들어가고 있어서 탈출하려 몸부림을 치지만 탈출할 수 있는 방법이 없다. 신도 고민이 있는 것이다. 궁극에는 새로운 것을 창조하여 은하계를 탈출해야 하는 것이다. 그래서 자신의 분신인 本이 게으름을 피우거나 능력이 부족하다 싶으면 인간이 살고 있는 세상을 뒤집고 새로운 종류의 本을 만들어가야 하는 것이다.

또한 이번 변화의 세기 동안 처음에는 이전의 세기에서 살아남은 소수의 無의 존재가 끊임없는 분화 끝에 수십억의 無가 만들어졌다. 팽창의 처음에는 無가 내면이 충실했지만 수없이 많은 세월이 흐른 지금에는 끝없는 분열로 인해서 無는 부실해질 수밖에 없는 것이다.

神은 종교사제들보다 과학자들을 더 좋아할 수 있다

그래서 無는 자신을 채워줄 수행이 필요하게 되며, 끝없는 수행을 통해서 無를 채우고 인류가 처음 발생했을 때의 충실함을 가진 개체가 되려고 한다. 그래서 고민에 빠진 無를 도와서 난관을 극복할 지혜와 힘을 가지려 할 것으로 보인다. 그래서 맹목적인 신에 대한 믿음을 강조하는 종교집단의 사제들보다 無는 신과 같은 창조적 능력을 가진 과학자들을 오히려 더 좋아할 수도 있을 것 같다는 생각이 든다. 왜냐하면 신도들에게 자신의 생각을 강요하는 사제들의 마음에는 이미 어둠이 깃들기 시작하고 있기 때문이다.

인간과 신의 차이

無인 신과 本인 마음은 몇 가지 차이가 있다.

1. **本은 인체를 움직이는 마음이고, 無는 영혼의 존재로 거주하는 위치가 다르다.**

2. 둘은 생존 기간도 다르다. 本은 인체와 함께하므로 길어야 100년 정도로 짧지만 無는 얼마나 생존할지는 아무도 모른다.
3. 無는 영혼으로서 本을 관리하고, 無들 간, 그리고 큰 無와의 소통을 담당하지만 本은 無와의 소통 외에 인체 내에 존재하는 약 40조 개에 이르는 세포를 관리해야 하고, 약 40조 개에 달하는 인체 내의 각종 미생물의 욕구를 채워줘야 하는 일도 담당한다.

인간이 곧 신이라는 등식도 성립하지만 같을 수 없다는 말도 성립한다. 이 두 가지를 동일하게 만드는 과정이 다음에 나오게 될 수행이다. 그러나 수많은 신들의 세상에서 신들의 등급도 차이가 있으므로 신도 공부를 해야 한다. 자기가 모르는 것이 있으면 더 공부를 많이 한 신에게 물어봐서 가르침을 구해야 한다. 그리고 신도 도달할 수 없는 수준의 등급이 있다.

1. 인간 차원의 신
2. 태양계 차원의 신
3. 은하계 차원의 신
4. 내 몸 안의 세포에도
5. 각각의 원자에도

이것을 움직이는 無라는 존재는 각각에서 모두 존재한다. 이것이 신이라는 존재이며, 신들 간의 소통에서는 수평, 수직적으로 존재한다.

종교가 추구하는 목표

천부경에 의하면 종교는 신을 대신해야 하는 인간의 책임에서 발생된 발명품이 되며, 동물보다 더 다양한 뇌 구조를 가진 인간들의 책임의식에서 생겨났다고 볼 수 있다. 이러한 책임의식은 신의 능력인 창조를 활용하여 적극적인 차원의 수행이란 도구를 사용하여 신의 영역에 도달하고자 하기도 하며, 소극적인 차원에서 신의 보호 하에 영원히 살고 싶은 욕망으로 유일신에 대한 믿음으로 나타난 것이 종교가 되었다고 본다.

이건 이러한 성취를 이루는 그 과정의 치열함은 지구상에 존재하는 인간들의 상당수가 잠재의식 속에서 대부분이 알고 있을 것으로 추정한다. 그리고 그 과정의 어려움을 알기에 누군가가 보다 쉬운 방법으로 종교적인 성취를 보장한다는 말을 하면 쉽게 빠져들게 되는 것이다.

자기 수행의 길을 애써 무시하는 것은 그 과정이 쉽지 않기 때문이며, 자신이 힘들이지 않고 결과물만 성취할 수가 있다면 굳이 힘들여서 고생할 필요가 없을 것이라는 생각을 가지게 되는 것이다. 그러나 자신의 無를 채워서 종교가 말하는 성취를 달성하는 길은 노력이나 희생도 없이 이루어진다는 것은 너무도 비생산적인 길을 가는 것이라고 생각한다.

종교적 성취는 다른 존재가 나에게 도움을 줄 수는 있어도 대신 이루어지지 않는다. 온전히 자신의 노력에 의한 성취가 필요한 부분이기 때문이다.

과학도 일종의 신흥종교

한마디 더 붙이면 과학도 종교의 한 종류에 속한다고 볼 수 있다. 왜냐하면 과학의 창조행위가 신의 고민을 해결해줄 수 있는 좋은 방법 중에 하나라는 사실이다. 과학자들이 한 가지 사실에 고도의 집중력을 구하면 알음귀라는 문명신의 도움을 받을 수 있고, 인간의 완성에도 과학의 발달로 어쩌면 이를 수 있다는 점에서 종교와 목표가 같다고 볼 수 있다.

또한 그 실현과정이 '本心本太陽 昻明'의 本과 無의 소통과정을 추구하는 과정은 같기 때문이다. 창조는 신의 능력이면서 신과 비슷한 능력을 가진 인간이 도달할 수 있는 중요한 도구이기 때문이기도 하다.

그러고 보면 먼 과거에는 신교의 소도가 세상에서 가장 문명이 발달한 지역으로 많은 사람들의 존중을 받았다면 불교 / 기독교 / 유교가 나타나면서부터는 사원과 교회가 그 시대의 사회종교과학의 중심지로 역할을 했는데 과학문명이 고도로 발달한 현대에 와서는 NASA나 KAIST 같은 곳이 문명의 중심지로 존중을 받고 있다.

이러한 현실에 비추어 신교 - 중세종교 - 과학에 이르면서 모두가 완벽하지 못하고 한 가지씩 [25)]부족한 부분만 잘 보완한다면 현대과학이 가장 최근에 발생한 강력한 신흥종교가 아닐까 하는 생각을 한다.

---

25) 신교와 중세종교에는 과학문명이 부족했다면 현대과학은 천부경에서 말하는 無, 즉 神의 역할에 대한 이해의 부족으로 들 수 있다.

(2) 종교의 종말론의 실체

천문학자들은 우주의 먼 부분에서 파장이 긴 빛이 검출되고 있으므로 우주가 끊임없이 팽창하고 있다고 한다. 그러나 그 파장은 이미 최소한 수십억 전에 출발한 빛으로 지금도 그곳에서는 그러한 빛을 방출하고 있는지는 아무도 모른다.

왜냐하면 그곳은 너무 멀어서 우리가 지구에서 그곳에서 무슨 일이 발생하고 있는지 알아내는 순간에 그 일은 이미 수십억 년 전에 발생된 일이 되기 때문이다.

우주의 [26)]주기
그래서 인간들은 내가 속한 천체의 움직임을 알고자 한다면 다른 비슷한 천체의 움직임을 관찰하고서 아마도 우리가 속한 은하도 비슷하게 움직일 것이라는 가정을 하게 되며, 이것을 우리가 속

---

26) 주기는 규칙적인 움직임의 기간을 말한다.

한 우주에 비추어 큰 원리를 짐작하게 된다.

동양에서는 이것을 '[27]近取箸身 遠取箸物'이라는 용어로 표현하며, 이에 따라서 우주운동의 원리를 짐작했다.

이러한 움직임 중에서 태양계집단의 공전주기인 2만 6천 년을 주기로 봄-여름-가을-겨울의 계절적 변화를 반복할 때에 정기적으로 큰 변화를 일으킬 가능성이 높다고 본다.

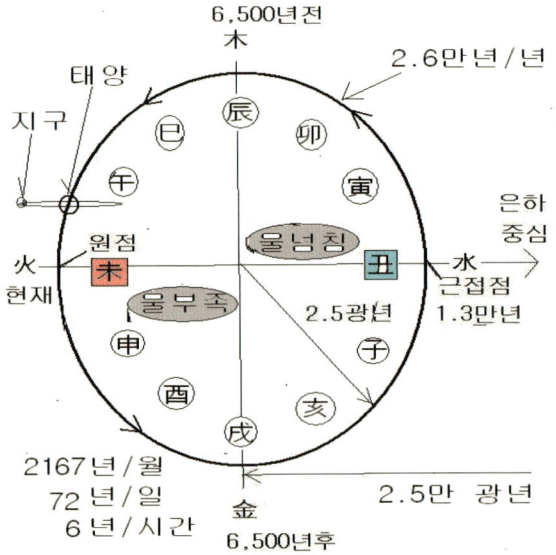

---

27) 近取箸身 遠取箸物(근취저신 원취저물), 가까이는 내 몸에서 원리를 찾고, 멀리는 내가 보는 물체에서 원리를 알아낸다.

태양계집단의 시간으로 볼 때

창세기에 나오는 노아의 방주사건을 대략 1만 3천 년 전으로 가정하면 당시에는 물의 시대로 물에 의한 재난이 있었다면 똑같이 1만 3천 년이 지난 현재는 반대지점인 불이 가장 많은 시기가 되면서 물이 가장 부족한 시기라는 것을 알 수 있다.

태양과 달의 사이에 낀 지구

이러한 극점에서 인력의 점진적 증가와 감소가 아닌 인력이 증가하다가 감소하는 지점이나 감소하다가 증가하는 전환지점에서는 태양과 달의 인력의 변화와 함께 지구의 고체 부분과 액체 부분의 심한 불균형이 일시적으로 나타나는 것을 생각해볼 수 있다.

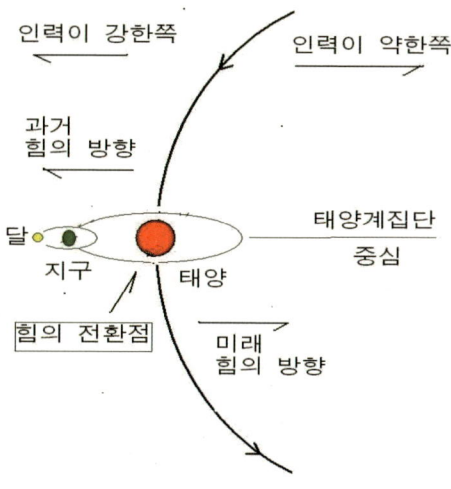

지구상의 액체의 변화는 바닷물과 액체금속으로 구성되어진 내핵과 외핵의 변화이다. 이중에서 특히 외핵과 내핵이 요동을 친다면 지자기의 변화가 나타날 수 있고, 실제로도 최근에 움직임이 많

다고 알려져 있다.

또한 액체금속의 요동치는 현상이 지각에도 영향을 미친다면 지각변동의 가능성도 있을 것이다. 이러한 현상은 아마도 지구 자전축의 변화와 함께 다소의 지각변동과 바다영역의 변화로 귀결될 것으로 생각된다.

이러한 변화의 시간을 동양에서는 개벽이라고 불려왔으며, [28] 상전벽해라는 말로 표현되듯이 일부 지역에서 발생되는 변화의 정도를 표현하고 있다.

궤도 전환의 현상

앞의 그림에서와 같이 지구는 2만 6천 년 동안에 지구가 태양과 함께 일정한 틀을 갖추면서 공전을 하고 있는데 각각의 공전의 위치마다 조금씩 다른 궤도의 변화가 발생될 수 있고, 이러한 현상이 1만 3천 년 주기의 인력의 전환점에서 큰 변화를 일으킬 가능성이 있다는 것은 앞에서 언급한 바와 같다.

이것은 지구는 잠깐 동안의 전환이고 작은 변화이지만 지구에 살고 있는 인간들에게는 엄청난 변화로 감지될 수 있다. 변화의 정도는 아무리 희망적으로 생각한다고 해도 지구의 육지 부분이 떠오르고 가라앉는 소규모 지각변동으로 넘어갈 수는 있겠지만 이런

---

28) 桑田碧海(상전벽해), 뽕나무밭이 깊은 바다로 변한다.

변화가 없이 그냥 넘어간다고 볼 수는 없을 것이다.

우주의 변화는 인간 정신에도 영향

無를 주인으로 하는 인간에게는 태양의 변화는 無에도 영향을 미치며, 本에도 끊임없는 비정상적인 경고를 통해서 인간의 생각의 방향이 비정상적으로 흐르게 될 수도 있다.

그러면 인간들의 행동 역시도 어떤 행동이 나타날지 장담할 수 없게 될 수도 있다. 이것은 요즘의 전염병이 자연발생적이 아닌 인간에 의하여 의도적으로 만들어져서 유행하는 것처럼 전쟁도 의도치 않게 큰 전쟁으로 발전하는 등의 혼란스런 상황도 배제할 수 없다.

특히 인간의 욕망이 비정상적으로 팽배해 있는 지금의 상황과 인간이 필수적으로 받아야 할 빛의 교육이 없어진 상황에서는 더욱 그러할 수가 있다.

아무리 자식이 귀중한 줄을 알아도 손도 잡아줄 수 없는 급박한 상황이 벌어질 수 있는 것이다.

개벽과 휴거의 이해

이런 상황과 기독교에서 말하는 휴거의 그 상황은 동양에서 고대로부터 언급되었던 개벽과 비슷하다고 할 수 있다. 이 변화의 교차점을 일부에서는 종말론이라 하며, 미신이라 치부하기 전에 앞에서와 같이 잘 살펴보면 전혀 근거 없이 생겨난 말은 아니라는 것을 알 수 있다.

앞에서와 같은 개벽의 시간대에 변화의 상태가 되면 순간적으로 지구상의 모든 것들이 물리학의 법칙이 적용되지 않는 무중력 현상과 인간의 마음이 조금만 달라져도 본인과 사물들이 강하게 움직이게 되는 혼란이 벌어질 수 있다.

여기서 조금이라도 더 많은 기를 흡수할 수 있는 존재가 있다면 실제로 다른 물질들보다 더 많이 힘을 발휘하면서 이 혼란을 피해 갈 수 있을 수도 있을 것으로 보인다.

이 현상은 천부경에서 말하는 음양과 정지의 세 가지 중에서 정지상태에서 발생되는 사건이라 볼 수 있으며, 음양오행적으로는 土, 즉 황색지대라고 말한다. 과거에서부터 동양에서 내려오던 개벽의 개념이다.

개벽과 휴거를 대비하려면 수행이 필요
기독교에서는 믿기만 하면 하느님이 공중으로 들어올려서 구원해주신다는 말이 있으나 세상에는 그렇게 간단한 공짜는 없다고 생각된다.

동양에서는 개벽을 위하여 수행을 하라고 한다. 기를 보다 더 많이 흡수한 사람이 더 강한 우주에너지를 흡수하며 재난에 대비할 수 있다는 것이다.

그러나 이때가 와도 수행이 이루어지지 않은 사람들은 그냥 일반적인 돌과 물의 무생물과 같은 존재일 뿐이다. 인간은 스스로 신적 존재가 되어서 스스로 고난을 극복해야 한다.

대변화 이후의 삶
이 시기가 지나서 우주가 팽창을 멈추고 수축으로 돌아가게 되면 팽창의 시기에 발생했던 많은 갈등들과 시기질투는 서서히 사라지게 된다. 왜냐하면 모든 자원들이 수축하는 시기에는 부족하지 않게 되기 때문이며, 더 이상의 종족 번성을 위한 욕심도 극단적으로 나타나지 않는다.

'다가오는 운세는 좋지만 목넘기기가 어려울 것이다.'는 도가에서 전해지는 말은 이러한 위기의 탈출을 두고 한 말이 된다.

이러한 팽창과 수축의 변화시기에는 경우에 따라서 천지가 부딪히는 와지끈하는 무너지는 큰 소리가 날 수도 있다. 왜냐하면 지각도 부딪히고 바닷물도 범람하기 때문이다. 그냥 믿으면 모든 것을 창조주가 해결해준다는 말은 인간의 착각일 뿐이다.

우주에서는 어떤 대가도 자신의 노력 없이 이루어지는 것은 없다. 인간 스스로가 신이기 때문이며, 이미 창조라는 신의 능력을 인간에게 부여했던 이유가 스스로 노력해서 벗어나라는 가르침인 것이다.

(3) 사과나무와 뱀

기독교 창세기에 나오는 아담과 이브는 인류의 조상으로 하느님이 잠시 자리를 비운 사이에 뱀의 꼬드김에 빠져서 금기사항이었던 사과나무의 사과를 따먹음으로 인해서 에덴동산에서 쫓겨나서 인간이 겪어야 할 온갖 고초를 겪으면서 살게 되었다는 이야기다. 이와 비슷한 이름은 환단고기에서 나반과 아만이라는 이름으로 나타난다. 이 이야기를 기독교적인 해석이 아닌 본인의 체험을 바탕으로 해석하면 다음과 같다.

사과나무는 [29]음양나무의 신단수

사과나무는 음양나무를 상징하며, 신교에서 나타나던 신단수와 다르지 않다. 단지 나무의 종류는 지역과 기후에 따라서 변하는 것

---

29) 음양나무는 실존하는 나무가 아니다. 본인이 이 책의 내용들을 공부하던 시기에 수행 시에 나타나던 가상의 형상이다. 음양오행의 우주의 원리를 담고 있어서 그 나무에 살고 있는 용마라는 생명체가 각각의 인간들에게 가서 이치를 깨쳐주는 역할을 하는 것으로 보인다. 신단수도 같은 종류의 나무로 볼 수 있다.

일 뿐이다. 열매인 사과를 먹으면 하느님과 같은 능력을 갖는다는 말은 음양의 이치를 공부하면 하느님과 같이 된다는 것이다.

뱀의 꼬드김이라는 것은 음양나무에 살고 있는 용마를 이르는 말이다. 용마는 신단수에서 태어나고 자라는 음양의 이치를 상징하며, 겉모습은 뱀과 비슷하지만 뱀과는 완전히 다른 영적 동물이다. 용마는 천부경에서 無가 本을 만들어낸 이후에 無가 더 이상 세상일에 관여하지 않게 되면 本으로 하여금 음양공부를 하게 해서 아담과 이브가 세상을 책임질 수 있도록 만드는 교육의 책임을 맡은 상징적인 영적 동물이다.

어머니의 보호하에 걱정 없이 자라던 어머니의 품과 같은 에덴동산에서 어느 정도로 자라면 부모로부터 독립해서 살아야 하는 상황이 왔다는 것을 이야기로 표현한 내용으로 보인다. 용마는 아담과 이브에게 기후의 변화에 따라서 동산이 황폐해지기 전에 좋은 환경에만 익숙한 인간들을 다그쳐서 공부하여 독립하도록 만드는 역할을 하고 있는 것이다.

따라서 창세기에서 뱀으로 불리는 용마는 아무것도 모르는 아담과 이브에게 경고를 하는 것이다. '너 앞으로 일하지 않으면 굶는다!'라고, 그리고 앞으로 제대로 만물을 다스리려면 '공부도 해라!'는 뜻도 있었을 것으로 추정된다.

여기서 '너도 하느님과 같이 될 수 있다.'는 말은 단순히 사악한 사탄의 유혹이 아닌 아담과 이브가 마땅히 가야 할 길을 알려주는 동시에 음양의 이치와 수행의 이치를 알게 되면 당연히 하느님과 같은 비슷한 수준이 가능하며, 지구를 포함한 우주를 부모이신 창조주를 대신하여 조화롭게 꾸며가라는 것이다. 그리고 오늘날에 고도로 발달된 생명과학과 첨단과학을 보면서 지금의 인류가 창조주의 그러한 임무를 잘 수행하고 있는 것으로 보인다.

이 사과나무의 문제는 인간의 원죄가 아닌 인간의 의무이므로 죄의식에 사로잡힐 이유가 없다. 그러면 오히려 신의 능력인 창조능력을 발휘하지 못하게 된다.

영적 동물 용마

음양의 사무를 관장하는 상상 속의 영적인 동물로 용마가 나타난 것으로 보인다. 본인이 공부에 매진할 때 중요한 순간에 영감을 주곤 하였다. 겉모습은 세 가지로 변한다. 처음엔 얼룩무늬의 애벌레의 모습이다가 다음엔 얼룩 줄무늬의 뱀의 모습으로 성장하다가 마지막에는 자유롭게 날아다니는 모습의 흰색의 길쭉한 메기의 모습이다.

뱀은 배를 땅에 붙이고 옆으로 굴곡운동을 하면서 땅에 몸을 의지하지만 용마는 상하로 굴곡운동을 하면서 가능하면 배를 땅에 붙이지 않으려 한다. 성체에서 줄무늬가 없어지면 운동의 제한이 없어지며 날아다닌다. 용마의 성장지는 애벌레에는 신단수이고, 뱀의 모습에서는 깊은 산속의 맑은 물가이며 성체가 되면 제한이 없다.

(4) 우상의 이해

　인간정신이 발휘하는 힘은 표현되지 않을 정도로 아주 작지만 이것이 뭉치면 아주 큰 힘을 발휘한다. 우주가 탄생할 때에 엄청난 폭발력이 처음부터 급작스럽게 발생시키는 것이 아닌 한 개의 작은 원자부터 팽창이 시작되게 하여 기하급수적으로 팽창되면 폭발이 되는 것이다. 이것은 인간 염력의 작은 힘이 누적되어서 큰 힘을 가지는 것과 같다.

　이런 원리를 이용하면 비록 실체가 없는 존재일지라도 인간들이 생각으로 있다고 믿으면서 많은 사람들의 기도행위가 추가되면 점차 큰 힘을 가지게 된다. 없던 신이 새로 만들어지는 원리이다. 이렇게 만들어진 존재를 우상이라 한다.

　역사인물과 조상신은 우상이 아니다
　이 우상은 과거에 실존하던 존재를 새기면서 그 존재의 의미를 형상에 새겨넣는 것과는 다르다. 과거에 실존했지만 현재는 無

로 존재하면서 모두에게 좋은 영향을 미치는 덕망 높은 존재이거나 자신만을 위해서 항상 애쓰는 존재인 자신의 조상들의 無에게는 우상이라는 말을 쓰지 않는다. 그들 無는 인간의 본성을 상징하는 존재로서의 가치가 있으므로 우상과는 구별되어야 한다.

無라는 존재는 바로 자기 자신으로서 눈에는 보이지 않으나 엄연히 실존하는 존재이면서 언제든지 변화를 통해서 세상에 모습을 나타나는 존재이다. 그리고 과거의 성인의 모습을 담은 상이라면 그 상을 보면서 보는 사람마다 그 성인을 기억할 것이고, 그 성인의 無가 그 상에 머물면서 실체를 가지며 밝음을 만들어낸다. 그 밝음의 無는 자신의 無와 소통하면서 가르침을 받는 선생으로서의 역할을 할 수도 있다.

우상의 조성과 우상에 의한 지배

기독교의 십계명에 '우상을 섬기지 말라.'는 구절이 나온다. 이 우상에 대한 의미는 밝음이 아닌 어둠의 모습을 더 많이 떠올린다. 밝음이 없는 無 어둠을 가진 조각상이나 그림들이 우상이 된다. 또는 어떤 형상에 인간들이 마음을 주었을 경우에 본래는 그 물체 자체의 無 이외에는 아무것도 없었지만 인간이 끊임없는 욕망을 드러낸다면 없던 無가 새롭게 생겨난다.

인간의 세속적인 욕망이 밝은 모습일 수가 없다. 어두운 모습이면서도 인간의 욕망이 계속 투명되면 어둠이 점차 커져서 인간을 어둠으로 물들이게 한다. 이러한 상은 빨리 태워버려야 한다. 이것은 동물이나 식물에게도 마찬가지다.

이러한 곳에 마음을 너무 많이 준다면 결국은 인간의 희생을 요구하는 결과를 맞이할 수도 있다. 과거의 토템사상이 발생하게 된 이유이기도 하며, 심지어는 살아있는 인간을 제물로 바치는 의식이 있었다는 이야기도 있는 것은 이러한 우상을 만듦으로 인하여 발생되는 부작용이다. 우상이 인간을 지배하기 시작한 것이다. 신으로부터 만물을 관리하라는 책임을 부여받은 인간의 無가 어둠으로부터 지배당하는 상황인 것이다.

예술품은 예술 자체로만 보자

그냥 예술품이나 조각상이면 그대로 보면 되는 것이다. 그러나 그 대상에 대하여 인간의 생각이 특히 욕망이 투영되면 순수 예술품을 떠난 다른 無가 생겨난다. 예술품을 둘러싼 욕심이 생긴다면 그 작품은 순수한 작품으로서의 기능을 상실한다.

예술품도 밝음을 상징하는 無가 실린 예술품이라면 세상의 많은 사람들에게 좋은 영향을 끼칠 수 있을 것이다. 그러나 어둠으로 물든 예술품은 소유함으로써 나쁜 영향을 받을 수 있다.

(5) 無-神의 밝음과 어둠

인간의 마음이 신과 접촉하기 시작하면서는 인간의 本에 형성된 성격이 밝은지 어두운지가 중요해진다. 천부경에서는 '[30]用變不'가 '쓰는 곳은 변하고 쓰지 않는 곳은 변하지 않는다.'는 뜻인데 이 문장은 결국에는 '動本'에 중점을 두고 있으므로 無가 현실세계에 내려오는 이유는 無 자신이 변화하기 위해서 찾아오는 것이라고 볼 수 있다.

그래서 無의 관점에서 本을 바라보면 가능하면 많이 움직여서 보다 더 역동적인 변화를 원한다고 본다. 그러나 여기서 광명과 태양을 강조하였으므로 성통광명 홍익인간을 통한 세상을 밝게 만들 수 있는 능력을 가진 本이 되는 것이 목표라는 것을 말하고 있다.

---

30) 用變不動本(용변부동본) 중 앞부분 석 자로 이 석 자는 用變不用不變의 6자의 생략된 문장이다.

그러나 많은 사람들이 겪어봤겠지만 초년을 벗어나서 장년에 들어갔거나 들어간 사람들은 그렇게 순수하지 않다. 이미 본이 어두움에 물든 사람들이 태반이 될 것이다. 그래서 가능하면 어릴 때 그 밝음의 불꽃을 피워 놓는 것이 좋다.

밝아야 씨앗을 맺는다

이러한 신의 세계에서는 밝음이란 꿀을 가지고 향기로운 향기를 풍기는 꽃과 같으나 어두움은 그러지 못하므로 씨앗이 맺히지 않는다. 어둠은 밝음의 곁에 있으면서 그 밝음을 상쇄시킬 기회를 엿보고 있다. 인간의 마음이 어두움을 발생시키면 즉시 그 자리를 차지하며 밝음을 통제하려 든다.

인간은 밝음의 크기가 크지 않으면 인간으로 태어나기가 어렵다. 어두우면서도 요행히 인간으로 몸을 받았다면 그만큼의 어려운 삶을 살거나 인간이 아닌 행동을 하게 되는 경우도 많다. 그렇더라도 살아가면서 어둠을 해소하면 되지만 그런 마음을 먹는다는 것 자체가 쉬운 일이 아니다.

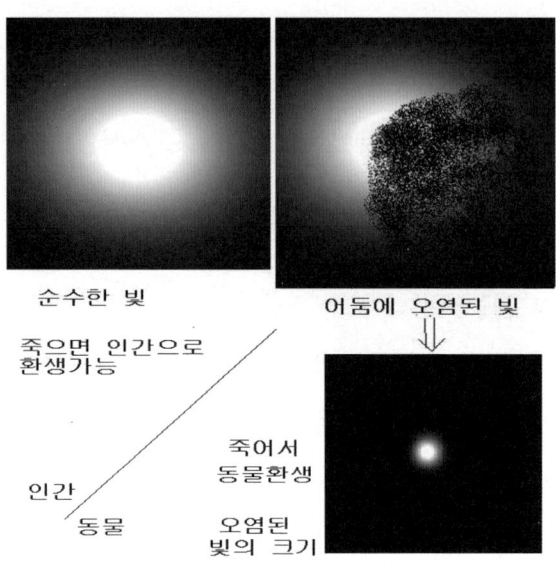

밝음이 어둠에 가려지면

인간이 가진 광명의 크기는 살면서 어둠의 생각과 행위를 하게 되면 오염되어서 그 빛을 잃어버린다. 그러면 죽었을 경우에 인간의 영혼에 필요한 크기보다 작을 경우는 그 크기에 맞는 동물로 갈 수밖에 없다.

어둠을 가진 후에라도 수행을 해서 빛의 부분을 크게 만들면서 어렵사리 사람의 자리를 얻는다. 그래도 남겨진 어둠을 해소해줘야만 하므로 어둠에 대한 대가는 치러야 된다.

죽어서는 제사를 받지 못한다면 역시 그 크기가 끊임없이 줄어가므로 다시 인간으로 환생할 기회를 얻기 어려울지도 모른다. 인간으로 살아있다는 것은 영혼의 세계에서는 축복인 것이다. 내 어둠을 해소할 수 있는 기회를 살아있는 동안에는 가지고 있기 때문이다.

자유로운 사고가 과학을 발전시킨다

최근에 들어서 과학이 급격하게 발전하게 된 원인은 인간의 사고가 정해진 틀에서 벗어나서 자유로운 정신활동이 가능하게 된 이후가 될 것이다. 인간의 정신을 속박하는 어두운 종교의 그늘을 벗어난 서양의 르네상스가 인간의 생각을 자유롭게 만들어서 새로운 창조물들이 많이 나타났다.

동양에서는 공자의 유교적 틀이 편협하게 발달한 까닭에 인간의 사고를 유교로 인하여 자기통제와 속박의 굴레를 뒤집어씌운 사회통제의 잘못된 방향이 인간의 사고와 행동에 너무도 큰 제약을 일으킨 잘못을 저질렀다.

이러한 통제적 사회환경이 불과 100여 년 전까지도 우리 사회를 짓누르고 있었기에 상당히 늦게사 한국인들의 사고가 자유로워졌다. 이러한 인간의 사고가 억압된 사회라면 절대로 신의 영역이라 할 창의력을 발휘하지 못한다.

타인이나 집단을 통제하려는 마음은 어둠에 속한다

개인적 인간의 마음을 살펴보더라도 다른 사람을 자기 마음대로 통제하려는 마음이 생기거나 다른 사람에 대하여 잘못되기를 바라는 생각이 생기거나 사회를 강압적인 통제상태로 몰아가려는 생각이 생기는 사람이 있다면 그의 마음은 이미 어둠의 세계로 들어선 것으로 볼 수 있다.

공산주의의 통제사회가 그렇고 전제군주제하의 군주에 대한 충성을 강요하는 사회가 이미 그러했다. 이런 사회는 이미 전체가 어둠에 물들어져 있는 것이다. 종교도 마찬가지다. 종교지도자로서 자신의 신도가 자기통제를 벗어나는 것을 쉽게 용납하지 못한다면 그 자신도 어둠에 속해있는지를 의심해봐야 한다.

[31)]간화선의 중요성

그래서 자신의 마음상태가 어둠에 물들어 있는 것인지 어둠을 벗어나서 밝음을 추구하고 있는지 구분하는 것은 아주 중요하다. 조용히 앉아서 자신의 처지를 살펴보는 불교의 간화선은 그래서 중요한 수행의 도구가 된다. 본인의 생각을 끊임없이 의심해보라. 인간의 밝은 본성을 가지고 싶다면, 그리고 신의 영역인 창조를 본인의 마음에 담고 싶다면 그의 無는 밝음을 찾을 수 있어야 하고 유지할 수 있을 것이다.

큰 의심이 없다면 큰 깨달음도 없다

이 말은 이것을 두고 하는 말이 될 것이다. 광명은 어둠에 빠질 것을 걱정하고 어둠은 광명을 발하게 되지 않을까 두려워하지만 어둠은 자기가 어두운지를 모른다. 모든 사람은 신성을 가지고 있

---

31) 간화선. 자신의 생각을 의심하면서 수행하는 방법이다. 뒤쪽 수행법에서도 언급된다.

지만 모든 사람들이 밝은 마음을 가지고 있는 것은 아니다. 그 마음이 밝은지 어두운지는 그의 無(神)의 장래에 절대적인 영향을 미친다.

(6) 척짓지 말라 / 척지지 말라

척이란 사람이 특정한 사실 또는 특정한 사람에 대해 깊은 원한을 품는 것을 말하는데 경우에 따라서는 동물에게도 적용되기도 한다. 척은 앞에서 말한 어둠이 척이 된다.

원한이 척이 된다

사람이 원한을 품게 되면 자신도 모르는 사이에 원한의 덩어리가 뭉쳐져서 상대방으로 옮겨가게 되는 사사로운 척이 발생되는 경우도 있지만 많은 사람들이 동시에 비슷한 원한들을 발생시키면 비슷한 대상으로 하여금 집단적인 린치를 가하게 되는 사회적인 현상으로도 벌어지기도 한다. 이러한 척이 덩어리가 더 커지게 되면 사회 전반의 분위기를 뒤덮게 되고, 척의 폭발이 일어나면서 옛날 말에는 전쟁, 기근 등이 발생한다고 한다.

척은 자연스럽게 사라지지 않는다

척이 일단 한번 발생하게 되면 척을 발생시킨 사람이 그 사실을 잊어버리고 해원을 하였더라도 그 척들은 그대로 남아서 작용하게 되며 상대의 몸이나 사회적인 현상들에 그대로 남아서 일정한 시점이 되면 작용하게 된다.

뒤늦게 척을 당한 사람이 척을 해소하려 하면 수행을 통해서 해결할 수밖에 없는데 수행 중에 무언가의 어두운 기운이 빠져나가면서 시원한 느낌을 받는다면 척이 해소되는 과정이라 볼 수 있다. 크고 중요한 척의 경우는 꿈 또는 수행 중에 원한 해소의 표식을 나타내므로 알아차릴 수 있다.

척을 해소하려면 먼저 피해 당사자가 풀어야 한다

그러나 척을 발생시킨 해당 주체가 원한을 풀지 않는다면 척이란 것이 지속적으로 발생하게 되므로 그 상대는 큰 어려움을 겪지 않을 수가 없다. 그래서 다른 사람에게 원한을 가지지 않도록 하는 것이 우선이지만 부득이하게 그런 일이 벌어졌더라도 상대방의 無가 해원하도록 해야 한다.

척의 해소가 과도하면 또 다른 척을 낳을 수가 있다

그 대상이 사회 전반에 관한 척이라면 사회가 전체적으로 해소를 위한 노력을 해야 하며, 많은 사람들이 그에 대한 뜻을 기리는 방향으로 가는 것이 좋다. 해원이 너무 과도해도 또 다른 피해자를 발생시키면서 또 다른 척이 발생하므로 사회 전체적으로는 그 또한 문제가 된다. 피해자가 거꾸로 가해자가 되는 순간이다.

척을 발생시키는 사람이나 단체도 마찬가지로 피해를 본다. 즉 척을 발생시키면서 스스로도 그 순간에 어둠의 세력에 발을 담그게 되는 것이다. 역시 마찬가지로 어둠에 빠진 자신의 마음이라면 역시도 빠져나가는 것은 쉽지 않다.

척을 지을 때는 가벼운 마음의 발현이 그 시작이지만 어둠에서 빠져나오려면 강력한 참회와 함께 수행을 통해서만 해당되는 척을 없앨 수 있으며, 마음에서 강력한 빛을 발산시켜야 한다. 그러나 대부분은 자신이 어둠을 발산시킨 것을 모르기 때문에 해소하는 것이 쉽지 않다.

척을 해소하려면 빛이 필요하다

어둠을 해소하려면 스스로 빛을 발생시킬 수 있는 능력을 가져야 하므로 역시 수행이 필요하며, 과거에 발생시켰던 척들을 스스로 모두 회수해야 자신도 밝음의 지역에 다시 들어갈 수 있다.

수행자는 스스로 만들었던 척을 거둘 수도 있다

수행을 하는 사람은 과거에 무심코 만들었던 척을 그대로 두었고, 해당 사람은 죽음에 이르는 상당한 어려움을 겪고 있다는 사실을 알게 된다면 해당 사람에게 다시 빛을 만들어줄 수도 있다. 당하고 있던 그 사람은 그로 인해 어려움을 벗어날 수 있는 기회를 가지게 된다는 것을 본인도 스스로 깨달은 바가 있다.

그래서 인간의 삶 중에서 많은 사람들과 함께 살아가므로 수행을 인간의 삶 중에서 중요한 도구로 사용해야 한다. 때로는 척, 원한이 무서운 모습으로 나타나면서 두려움에 떨게 되기도 하지만 척의 근본적인 해소를 하지 않고 일부에서 사용하는 [32]퇴마를 이용하여 제압을 하려 한다면 나중에 자신이 약해졌을 때 그 척은 다시 나타난다. 급할 때는 퇴마를 이용하겠지만 궁극적인 해결책은 못 된다. 이것이 해원이 필요한 이유이다.

---

32) 퇴마, 영능력자들이 자신의 영적 능력을 이용하여 어둠을 강제로 물리치는 의식행위

(7) 윤회와 제사

천부경에서 인간은 '析三極'의 뜻과 같이 우주의 구성 3요소 중에 한 축으로써 無에서 발전한 本으로 구분이 된다. 無는 영혼이자 神이며, 無가 만들어내는 本은 마음이다. 실물의 입장에서 혼돈의 상황인 무극에서 실물이 나타나는 태극으로 발전한 一이라는 공간적 존재는 天地로 나타나면서 인간의 몸체에 투영되게 되고, 인체는 현실세계에서 마음과 함께 공존한다.

그러나 영적인 존재인 無는 인체와 시간적으로는 공존할 수 있지만 공간적으로는 공존할 수 없는 관계가 정립이 된다. 이러한 공간적 분리를 마음이라는 本이 無를 대신하는 것이다. 마음은 인체를 직접 보기 때문에 실제를 인식하지만 無라는 영혼은 실체가 없는 허망한 것으로 인식하기 쉽다. 이러한 本과 無가 시간적 / 공간적으로 같아졌다가 다시 분리되는 현상이 끝없이 반복되는 현상을 윤회라고 부른다.

마음은 無와 인체가 공동지배

세상에 살면서는 마음이 우리의 인체를 지배하고 그 뜻에 따라서 움직이지만 마음은 뇌에 있으면서 無의 통제하에서 뇌를 움직이지만 뇌는 인체의 대략 1/3 이하에 해당된다. 인체에는 각각의 수많은 세포와 함께 생존하는 수십조에 달하는 많은 미생물들로 구성된 인체의 상황도 역시 마음을 움직이기 때문이다.

하루만 굶어도 인체의 곳곳이 아우성을 치는 이러한 인체는 하나의 거대한 조직이 되며, 이것이 인간의 마음에도 영향을 주면서 마음의 또 다른 부분을 지배하고 있는 것이다. 따라서 인체를 관리하는 마음은 無와는 다른 활동을 하고 있다고 봐야 한다.

죽음을 맞이하면 無와 本은 다시 같아진다

인체가 죽게 되어 마음만 남게 되면 本은 곧 無라는 등식이 성립하며, 인체가 완전히 죽기 전에 급속하게 本의 데이터를 無로 전송한 뒤에 本은 無에 흡수된다. 또한 一이 시간이 지나면서 늙고 병들었는데도 당초의 無의 목표를 달성하지 못했다면 새로운 시작을 위해서 늙고 병든 一의 형체를 버리는 과정이 남아있게 되며 終이라는 글자로 표현한다.

죽음의 이유

本이 無를 완성시키기 위하여 수행을 하려면 건강한 몸을 가지고 있어야 하거나 건강하게 만들 수 있어야 하는데 그럴 수가 없다면 더 이상 本은 無에게는 쓸모없는 존재가 되어버린다. 無의 목표를 달성할 수 없게 된 本의 인체는 無의 지속적인 발전을 위해서 無는 인체를 자발적으로 버리는 판단을 하게 된다.

本은 인체가 사라지면 本도 존재할 수 있는 방법이 없으므로 인체는 마음에게 죽지 말 것을 요구하면서 계속 살아남기 위해 발버둥을 치게 되며, 생명에 대한 애착을 표면으로 노출하게 된다. 이것은 죽음을 앞둔 모든 인간에게 나타나는 공통적 현상이다. 인체와 마음이 이 세상에서 사라지는 것에 대한 공포인 셈이다.

그러나 無는 本에게 부여했던 모든 권한을 강제로 회수하게 되는데 어디까지나 無의 성장을 위해 도움이 되지 않는 인체를 버리는 것이 보통 이야기하는 인간의 죽음이 된다. 천부경의 '人中天地一'의 마지막 一은 인생을 통해서 완성된 자의 모습이고, 이어지는 '一終無終一'의 첫 一은 못다 이룬 목표를 다시 완성하려는 미완성의 존재의 윤회를 위한 움직임이므로 뜻이 다르다.

제사는 영혼의 식사시간

인간의 죽음 이후에 새로운 데이터를 전송받은 無는 마치 어린아이가 된 거같이 새로운 데이터를 가진 영혼이 새로운 데이터로 이루어진 無는 새로운 체제에 적응해야 하므로 당분간은 스스로 에너지 섭취를 못하고 어린아이처럼 보호를 받아야 한다.

그동안 本으로 살았을 때 쌓아놓은 에너지를 소비하면서 지나가거나 빨리 환생을 해야 한다. 그렇지 않으면 시간이 갈수록 작아지거나 어디선가로부터 계속 존재할 수 있는 기를 보충받아야 한다. 이것의 적극적인 해소제도가 후손들에 의한 제사이다.

사람은 죽어서 4대가 지나서 귀신으로 변할 정도가 되면 대부분의 영혼은 성장을 해서 스스로 無의 세상에 적응이 되어서 혼자 살아갈 수 있지만 혼의 상태에서는 후손들의 도움이 필요하게 된다. 그 기간은 4대 또는 60~120년간을 예정하게 되므로 제사를 지내는 기간이 된다.

죽음 이후의 변화는 천부경에 나타나지 않는다

사람이 죽은 후와 다시 태어날 때까지의 벌어지는 일은 천부경에서 나타나지 않고 있으나 일반적으로 알려진 내용을 중심으로 그려보았다. 다음의 그림은 사람이 죽어서 변해가는 과정인데 혼백과 귀신 중에서 백과 귀는 一이라는 실체에서 나왔으므로 땅으로 돌아가서 땅으로 흡수되어 사라진다.

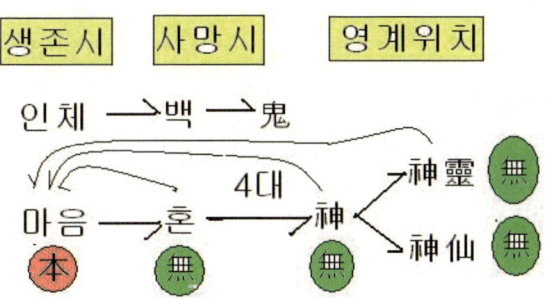

혼은 영적 존재로 후손들로부터 제사를 받아먹다가 다시 인간으로 회귀한다. 영적인 에너지가 강한 無는 신이 되기도 하고, 선이

되기도 하므로 신령 또는 신선이 된다고 한다. 無로 존재하면 다시 몸을 받는 과정을 밟아서 다시 인간세계로 돌아오게 되는데 이것이 윤회의 과정 중에서 천부경에서 언급되지 않은 부분이다.

제사를 받지 못하면

인간으로 살아있을 때 능력을 키워놓지 못했다면 빠른 시간 내에 윤회를 하거나 인간의 몸을 받을 곳이 없다면 다른 작은 존재에라도 의탁해야 하는 과정을 겪게 되고, 이마저도 하지 않는다면 영의 존재는 점점 작아지면서 자연에서 사라지게 된다.

종교적 존재라면 수많은 신자들의 기림에 의하여 힘을 받을 수도 있을 것이나 일반 신자라면 어찌 될지는 알 수 없다. 그렇지 않다면 누군가에게 좋은 일을 하여서 그 사람 또는 그 사람들의 기림을 받는다면 충분하지는 않아도 기는 보충이 된다. 그래서 살아서는 남에게 또는 많은 사람들로부터 존경받을 만한 일을 해야 하는 것이다.

제천의식과 제사

제천의식은 소도문화가 지배하던 시기에 하느님에게 제사를 올리던 행사였다. 여기서의 하느님은 우주를 창조하신 분이므로 태양 계급 이상의 無로 본다.

한국인들이 고대로부터 해오던 소도제천의 행사와 영고, 팔관회 등과 서양에서 기념하는 추수감사절은 제천의식에서 생겨난 관습으로 하느님에 대한 감사함의 표현으로서 제천의식을 진행했다. 기독교에서는 창세기에서 '카인과 아벨이 각자 일한 결실로 하느님에게 제사를 올렸으나 아벨의 제물은 받았으나 카인의 제물은 받지 않았다.'고 표현된 것으로 미루어 제천문화는 동서양을 막론하고 고대로부터 존재했던 공통적인 관습으로 보인다.

하느님에 대한 제천의식은 아버지는 하늘, 어머니는 땅, 자식은 인간으로 정리되는 천부경의 개념에 따라서 부모는 곧 하늘이라는 국가 차원이 아닌 집안 차원의 제례의식으로 돌아가신 조상을 신으로 보고서 조상신을 기리는 방향으로 발생했을 것으로 추정된다.

한국인은 자신이 기억하는 모든 조상들에 대하여 제례를 행한다. 4대까지는 기일을 정해서 제례가 있고, 그 이상의 조상들에게는 연 1회 추수 이후에 조상들이 이미 신이 되었다고 생각하고 조상신들에 대한 시제를 올리는데 이것이 제천의식에서 나온 것으로 보인다.

이와 같이 제례는 신교의 유산이지 유교의 산물이 아니다. 조선시대 이후로 유교와 성리학의 이론이 국가정책으로 자리 잡고 신교인 샤머니즘을 천시하는 풍조가 나타남으로써 제천의식은 없어지고 충효의 관점에서 조상신에 대한 시제만 치르게 되었다고 본다.

창조주가 인간세상을 관리하는 방법

천부경에서의 無는 인간 개개인 차원에서 신적 존재이며, 인간과 수평적 관계로서 신을 설명한 내용이 된다. 조금 차원을 달리하여 태양계 차원의 無를 놓고 본다면 태양계 차원의 거대한 천부경이 적용되므로 인간이란 존재의 無와 태양계 차원의 無는 수평적이 아닌 수직적인 관계이므로 차원이 다르다. 이 수직적인 관계의 無도 특별한 경우에는 연결되기도 한다.

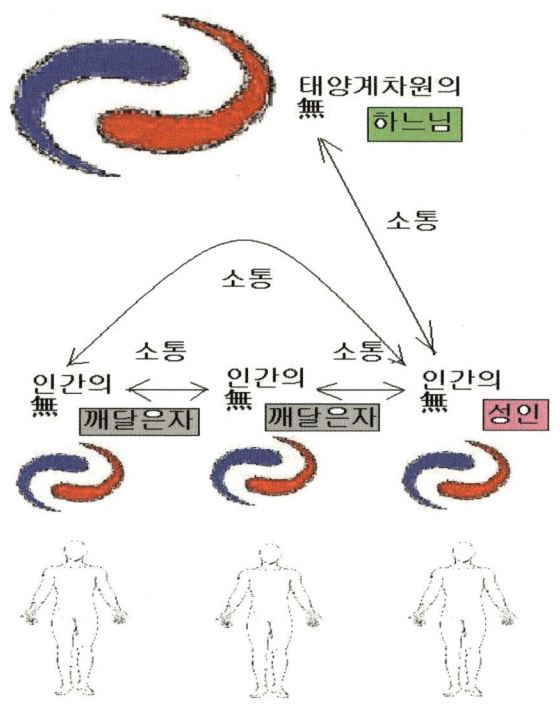

태양계에서의 인간은 인체에서 하나의 세포에 해당할 정도로 아주 미미한 존재이다. 예를 들면 인간이 심장이 병에 걸렸다면 심장 전체를 고쳐야 한다는 정도이지 심장의 어떤 세포를 특별히 사랑하는 법은 없다. 심장의 기능이 잘못되고 있으니 심장의 기능을 고쳐보자는 정도일 것이다.

그렇다면 태양계의 無인 창조주 하느님의 존재는 태양계의 극히 일부에 해당하는 인간의 사회가 병들었으니 고쳐야겠다는 정도의 관심을 가지는 것과 같을 것이다. 그래서 주사약을 투입하거나 썩은 부분을 도려내거나 하는 조치를 취할 것이다. 거기에는 인간 개인에 대한 특별한 사랑은 존재할 수 없다.

인간이 차지하고 있는 부분은 태양계라는 우주에서도 가장 중요한 핵심 부위인 황색지대에 있다. 황색지대의 움직임이 전제 우주에 영향을 줄 수도 있으므로 관리할 수밖에 없다. 인간사회의 발달이 우주에 나쁜 영향을 주는 쪽으로 발전하는 것을 항상 경계한다.

인간이 자신의 本이 無와 연결되면 평면적으로 같은 수준의 無들과 소통하게 될 것이다. 그리고 그중에서 어떤 無는 수직적 차원의 태양계의 거대한 無와 연결되어 소통하는 인간의 無도 생겨난다. 이것이 성인의 탄생인 것이다. 거대한 우주의 無는 이러한 성인의 無를 통해서 인간사회와 소통하게 된다.

인간은 누구나 성인이 될 수 있지만 이러한 거대한 우주의 無는 아무 때나 나타나는 것이 아니고 태양계 차원의 큰 변화를 앞두고 있을 때만 출현한다.

제사가 없는 유일신 종교의 영혼들

개인수행 없이 유일신을 섬기는 종교의 영혼들은 후손들이 제사를 받을 수 없거나 특정한 종교교리의 영향으로 사람이 유일신의 노예와 같은 위치를 감수하는 상황이 될 수도 있다. 이러한 종교의 사람들은 유일신의 보호하에 편안하게 영혼의 세계를 살아남고자 하는 사람들이 대부분인 경우로 자신의 기도가 자신의 몫으로 남지 않고 유일신의 몫으로 바쳐진다는 것을 알 수 있다.

자신들의 몫을 남기지 않는 기도의 경우는 자신들의 이후에 존재하게 될 유일신의 세계에서 신도들이 숫자가 많지 않거나 기도를 많이 하지 않는다면 유일신의 몫을 제외한 신도 출신의 영혼에게 돌아갈 몫이 적어지므로 그들 영혼에게는 아주 난감한 상황을 맞이하게 된다.

이런 영혼의 세상에는 하나의 신은 거대하고 힘이 강한 모습을 하고 있지만 대부분의 많은 일반적인 영혼들은 크기도 작고 힘도 없는 불쌍한 모습을 하고 있는 것을 보게 된다. 이런 춥고 배고픈 상황을 맞이한 영혼들은 살아있는 신도들이 기도를 할 때 적극적으로 교세 확장을 위하여 열심히 전도할 것을 주문하기도 하면서 출혈을 감내하고 헌금을 유도하고 하는 경우를 볼 수 있는데 자신도 모르게 그 종교의 영혼들이 사람의 생각을 유도하고 독려하기 때문이다.

과연 그 종교의 유일신이 그렇게 하라고 시켰을까? 그렇다면 그 종교는 어둠의 영역에 들어가 있는 상태라고 볼 수 있다. 아니라면 인간의 밝음을 추구하는 모든 종교의 특성상 모든 잘못은 신을 대행하는 종교지도자의 잘못으로 귀결된다. 항상 기도는 자신을 위한 기도를 80 정도 한다면 거대한 신을 향한 기도는 20 이하로 그쳐야 한다. 기도 역시도 인간 수행의 한 가지 방법에 속하기 때문이다.

생전에 수행을 했던 영혼들의 모습

이들과는 다르게 개인수행을 기본으로 하는 종교단체에서는 자신의 수행을 계속하면서 차곡차곡 에너지를 흡수하고 쌓아가는 방법을 터득하게 하는 역할을 하는데 여기서는 개인의 無의 역량을 키우는 것이 목표가 된다.

여기서는 개별적인 無는 각각 크기와 강도의 차이는 있지만 비교적 크기도 크고 밝은 모습을 볼 수 있다. 이것은 스스로가 어느 정도의 에너지 흡수방법을 터득했으므로 유일신의 커다란 하나의 존재보다는 적지만 개별 신도의 無는 상당히 강한 존재가 되어 제사 없이도 오랜 시간을 생존할 수 있으며, 보다 더 유리한 여건의 새로운 윤회를 위한 기회를 가질 수 있는 시간적 여유를 가질 수 있는 것이다.

조상 영혼은 자손줄을 따라서 후손으로 다시 태어난다

윤회하는 영혼은 죽었다고 다 끝난 것은 아니다. 그 자신이 낳아놓은 자손들이 그 영혼들에게는 탈출구가 되는 것이다. 후손이 없다면 그 영혼은 남의 집안 제사에 가서 물밥을 얻어먹으면서 연명하게 된다. 혹시나 빈자리가 있으면 얻어서 차지하려고 두리번거리지만 모든 것이 팽창하는 봄여름의 시기에는 빈자리가 생길 수 있어도 모든 것이 수축하는 시기에는 빈자리가 생길 수가 없다.

그래서 자손을 낳는다는 것은 그 자신이 해탈을 하지 않는 한은 살아서 수행하는 아주 중요한 임무이면서 제대로 이 일을 하지 않으면 부모나 조상에게 큰 죄를 짓는 것이 된다. 여자들이라도 다를 것이 없다. 남자나 여자나 똑같은 책임과 의무를 지고 있는 일인 것이다.

제삿밥을 먹고 싶은 영혼

지금은 작고하신 어느 법사의 구명시식에 본인도 대상자로 참여하여 보고 들은 이야기를 소개해보면, 그날 부친을 잃은 식당업을 하는 사람의 부친에 대한 구명시식 중에 벌어졌던 이야기를 기억나는 대로 재구성해서 적어본다.

'그분 부친의 영가는 구명시식이 끝났음에도 쭈뼛쭈뼛하면서 돌아가지 않고 있었다. 그래서 왜 가지 않느냐고 물어봤다. 그 영가는 어렵사리 대답하면서 밥 한 그릇을 배불리 먹고 싶다고 하였다. 아들이 먹고살 만한데 왜 배가 고픈지를 물어봤더니 자기 생전에 그동안 대대로 지내오던 제사를 모 종교에 귀의하면서 본인 손으로 직접 제사를 없앴고, 자식들에게도 절대로 제사를 지내지 말라고 하였다는 것이다. 그런데 이승을 떠난 지 몇 년이 지났지만 제대로 먹지를 못해서 너무도 먹고 싶었지만 자식 볼 면목도 없고 해서 법사님에게 부탁드려서 한 그릇 배불리 먹고 싶다고 말하는 것이었다. 그래서 밥 한 그릇을 올려주니 맛있게 먹고 갔다.'

'과연 유일신 종교에 심취하여 본인이 그곳에 귀의하면 모든 것이 해결될까?'는 보다 깊이 생각해볼 논제로 생각된다. 그리고 해당 종교에서는 그 옛날에 누가 어떤 근거로 조상제사를 지내지 말라고 했는지 그 출발점을 모르는 상황에서의 그러한 조치는 수많은 세월이 흐른 현재에서도 당시의 상황과 똑같은 조치가 필요한지는 그 종교의 사제들이 밝은 지혜를 발휘해야 할 것으로 보인다.

(8) 한국인의 소도문화

한국인의 정신세계를 알려면 소도제천에 대한 내용을 모르면 알 수가 없다. 이에 대하여 '태백일사 삼신오제본기'에는 다음과 같이 기술되어 있다.

'삼한의 옛 풍속에 10월 상일에는 나라의 큰 모임을 열었다. 이때 둥근 단을 쌓고 하늘에 제사를 지내고 땅에 제사를 지내는 곳은 네모진 언덕에서 지내며 조상에 대한 제사는 각진 나무를 신주로 만들어 지냈다. 산의 모습과 영웅의 모습은 모두가 풍속으로 전해오는 방법이었다. 하늘에 제사 지낼 때는 한(환인)이 반드시 직접 제사 지내시니 그 예법이 매우 성대하였음을 가히 알 수가 있었다. 이날에는 먼 곳과 가까운 곳에 사는 남녀 모두가 자신들이 가꾼 생산물들을 공물로 올리고 북치고 악기를 불며 즐겁게 놀았다.

많은 소국들이 모두 와서 지방의 특산물과 진귀한 보물을 바치니 언덕과 산처럼 둥글게 쌓였다. 백성을 위하여 기도하고 마음을 고취시키는 일이 곧 관할구역을 번영케 하는 일이다. 이러한 소도에서 올리는 제천행사는 바로 온 나라를 교화하는 근원이 되었다. 이 일을 스스로 하게 하는 것은 모든 화를 없애고 서로 친하게 지냄으로써 있고 없는 것을 서로 바꾸어서 서로 돕는 문명화된 통치체제를 이루었다. 문명화되고 평등한 사회가 되니 온 나라에서는 이러한 예식을 존중하고 형식을 갖춰서 제사를 지내게 된다.

아기를 낳아달라고 빌 때는 삼신을 찾고 벼가 잘 익기를 바랄 때는 업신을 찾았다. 산은 많은 생명들이 삶에 힘을 얻는 장소이고, 업은 많은 산물들을 만들어내는 일을 하는 신이시니 업주가리라 하기도 한다. 집터에 대하여 바라는 바가 있을 때는 터주대감을 불렀고, 가정과 집의 일을 빌 때는 성조대군을 찾았으니 이분들 또한 해마다 좋은 복을 이루게 하는 신이시다. 묘소에 가거나 고기잡이, 사냥, 전쟁에 나갈 때, 진을 칠 때, 길을 떠날 때 모두 제사를 지냈다. 제사를 지낼 때는 반드시 정해진 방법을 지켜서 원하는 바를 얻었다.

소도가 건립된 곳에는 모두 계율이 있었는데 충효신용인의 오상의 도가 그것이다. 소도 곁에는 반드시 경당을 세워서 미혼 자제들로 하여금 사물을 익히게 하였는데 대개 독서, 활쏘기, 말달리기, 예절, 가악, 무술 / 검술로 육예의 종류였다. 또 읍락이 모두가 자체적으로 삼로를 설치하고 삼로를 삼사라고도 하였다. 현명하고 덕이 있는 자와 재산을 베풀 줄을 아는 자와 지식이 많은 자들 모두가 선생의 일을 하도록 하는 것이 그것이다. 또 육정이 있었는데 현명한 자와 충신과 뛰어난 장군과 용감한 병사와 훌륭한 스승과 덕 있는 친구가 그것이다.

또 살상에는 법이 있어서 위로 국왕에서, 아래로 서민에 이르기까지 반드시 때를 가리고 필요에 의해서만 실행하여 하나라도 함부로 죽이지 않았다. 예로부터 부여에서는 말이 있어도 타지 않았고, 살생을 금하고 살아있는 것을 풀어주기도 하였으니 이 역시 의로운 일이다. 그러므로 잠자는 짐승을 죽이지 않고 알을 깨뜨리지 않음은 때를 선택한 것이고, 어린 것을 죽이지 않고 사람에게 유익한 것을 죽이지 않음은 반드시 필요한 것만을 취하는 만물을 귀중하게 생각하는 사상이 컸다고 말할 수 있다.'

소도는 지역 통치기구

이러한 소도의 문화는 세계적으로 가장 널리 전파되었으며, 불교, 기독교 등의 중세종교가 출현하기 전에는 전 세계 종교활동의 중심지였을 뿐 아니라 정치, 경제, 과학, 교육, 군사의 역할을 하는 사실상의 지역 통치기구로 보여진다. 이를 주관하는 사람들은 오늘날에는 무당의 형태로 명맥만 유지하고 있지만 당시에는 해당 지역의 통치권을 행사하는 지역 통치기구였던 것으로 보인다.

신교는 무당과 샤머니즘

이 소도의 종교는 신교로 불리며, 하느님을 모시는 일을 하였는데 칠성신, 장군신, 환웅신과 같은 조상신, 자연신 등의 다양한 신을 모셨으므로 하느님을 모시지만 유일신을 모시는 곳은 아니었다. 제사를 주관하는 사람을 무당이라고 부르는데 무당의 巫는 하늘과 땅을 연결하는 역할 즉 인간과 영혼과의 매개역할을 한다.

현재 실존하는 무당들을 보면 순수함을 가지고 수행을 하는 사람들이 많고, 이들의 능력은 편차가 아주 큰데 수준 높은 이들을 만나서 그들의 탁월한 능력을 경험해본 사람들이라면 무당에 대하여 함부로 대하지 못하게 된다. 그들은 먼 옛날 소도시절에는 인류의 삶을 책임지던 선각자들이었다.

소도는 평화주의적 정치체제

소도를 중심으로 형성된 고조선의 정치형태는 세 개로 나누어 통치하는 형태였다. 오늘날과 같이 무제한 땅을 넓혀서 전체를 왕이 혼자 다스리는 권위주의적 형태가 아닌 가능하면 나누고, 그 지역은 지역에서 스스로 다스리는 정치체제를 택했다.

이렇게 나누어진 세 개의 나라는 지속적인 통치를 위한 통치형태로서 약한 나라를 점령해서 복속시키려는 패권추구가 아닌 서로가 어려움에 처하게 되면 도와주는 체제였으며, 어느 한쪽이 외부의 침입을 받아서 지배를 당한다면 남은 나라에서 힘을 합해서 다시 회복하게 만드는 상부상조의 연합체였다고 본다. 또한 상부상조하면서 앞선 문물들을 적극적으로 가르쳐주고 사람들이 더 나은 삶을 살도록 문명을 전파하던 체제로 이런 혜택을 받은 사회들이 자발적으로 소도의 체제에 합류하려 하였던 평화적인 제도였다.

다시 말하면 소도의 기본정신은 자율과 분산으로 '본심본태양앙명'에서 나타난 홍익인간의 이념인 것이다. 권력의 분산으로 모여 사는 집단의 규모와 관계없이 소도를 각각의 사회에서 직접 운영하며, 구성원들이 자율적으로 참여하고 유사시에만 소도집단들이 모여서 중대사를 의논하는 민주적 절차를 갖춘 사회라고 보인다.

이러한 평화적인 체제는 인간의 탐욕이 빚어낸 중앙집권 통제와 패권주의의 출현으로 강력한 군사력을 상시에 유지하면서 강권을 행사하는 세력이 출현하면서 소도형태의 자율적 정치세력이 감당하지 못하면서 결국은 왕권체제로 변화한다.

소도 이후 종교체제의 변화

이와 같이 정치세력의 지형변화는 소도를 근거지로 하며, 신교로 불리던 샤머니즘이 세력을 잃게 된다. 이후 2~3천 년 전부터 유교, 불교, 기독교가 생겨나게 되는데 이러한 종교들은 신교의 영향하에서 세계 각지의 지리적, 사회적 환경에 따라서 필요한 부분만 특화시키면서 보다 세분화된 모습으로 나타나게 된다.

이들이 내가 중세종교라 부르고 싶은 유교, 불교, 기독교이며, 이 중세종교들은 현대에 와서 과학이 급격한 발전을 이룬 오늘날에도 2~3천 년 전의 사상을 그대로 유지하고 있는데 역시 변하지 않거나 변할 수 없다면 그리고 현대과학보다 차원 높은 이론을 발생시키지 않는다면 고도로 발달된 과학의 뒤편으로 사라지게 될 운명에 놓여있다.

소도가 신교의 중심지였다면 교회와 절이 중세종교의 중심지이고, 미국의 NASA나 한국의 KAIST가 미래종교의 중심지로 등장할 날이 많이 남지 않았다고 생각된다. 어떤 제도가 인간 마음의 중심지가 되건 인간사회의 발달과 인간의 삶이 지향하는 목표가 충실해지는 방향으로 수많은 인간들의 마음이 결정하게 될 것이다.

(9) 한국불교의 특이점

한국의 사찰에 모셔진 인류조상 나반존자

환단고기의 삼성전기 하편에는 '인류의 시조는 나반이시다. 나반께서 아만과 처음 만나신 곳은 아이사비이다. 두 분이 꿈에 상제님의 가르침을 받고 스스로 혼례를 올리시니 환족의 족속이 그 후손이다.'라고 나온다.

오늘날 대한민국의 사찰에 가보면 남방불교에서는 나타나지 않는 산신각, 칠성각, 독성각이 있다. 이중 독성각에는 나반존자가 모셔져 있으며, 이분이 환단고기에서 언급한 인류의 최고의 조상인 나반을 가리키는 분이다. 한 사람당 한 가지 소원은 반드시 들어준다는 아주 영험한 분으로 불자들 사이에는 상당히 인기가 높다. 그러나 이분이 어떤 분인지 명쾌하게 설명해주는 사람은 없었다.

소도문화와 불교의 융합

석가모니의 불교가 신라에 들어오기 이전에는 한국에는 환인 /

환웅 / 단군과 관련한 소도문화가 지배하고 있었다. 고조선 시대까지와는 달리 왕이란 제도가 생기면서 고구려 / 신라 / 백제에 와서는 정치 / 군사의 권한이 왕에게 전부 이전되었지만 여전히 소도는 그 지역의 문화, 종교, 과학기술, 예술 등 생활의 중심지였으며, 나라 곳곳에는 중요한 자리마다 소도가 자리 잡고 있었다.

그러나 이차돈의 순교 이후 당시 지도층들의 결론에 따라서 전국의 모든 소도는 불교공부를 하면서 불교에 흡수되게 되며, 소도의 전각들은 없어지는 것이 아닌 그대로 불교의 문화형태로 흡수되면서 남아있게 되며, 소도문화와 불교문화가 섞여서 독특한 형태의 한국불교가 탄생하게 되는 것이다. 그러나 이것은 티벳과 몽골도 마찬가지였고, 여전히 그 지역에서도 무속이라는 형태의 신교는 그대로 영향력을 행사하고 있다.

이와 같이 전쟁과 같은 큰 마찰 없이 불교와 신교의 종교융합이 평화롭게 이루어진 데에는 석가모니도 언급했던 전불시대에는 시기적으로 달리하는 여섯 분의 이전 부처님 또는 성인이 있었다고 한다. 우리의 환인 / 환웅 / 단군의 문화와 신교의 문화는 결국은 전불시대의 불교문화와 맥을 같이 한다고 볼 수도 있는 것이다.

여기서 각종 수행문화들도 대부분 불교문화와 융합되어 남방불교에서는 나타나지 않는 108배, 화두선, 선도수련 등이 추가로 존재하며, 홍익인간의 이념과 함께 대승불교의 탄생배경이 된 것으로 보여진다.

한국에 불교가 처음 전래된 두 개의 시점

한반도에 불교가 전래된 시점을 신라 법흥왕 시기인 AD 500년경 이차돈의 순교 이전으로 추정하고 있으나 이미 가야의 김수로왕이 인도 아유타국 공주인 허황옥과 결혼하면서 허황옥의 삼촌인 장유화상의 불교 전래 이야기가 나온다. 이때가 AD 50년경이다. 장유화상의 불교 이야기를 예를 들어보면

1. 김해에는 당시에 사찰을 지었다는 기록도 있고
2. 장유라는 지명과 함께 불모산이라는 불교의 어머니란 뜻의 산이 현재도 존재하며
3. 지리산에 칠불사라는 절을 지어서 장유화상이 김수로의 7명의 아들을 불교에 귀의시켜서 부처가 되었다는 전설도 존재한다.

모든 기록이 그러하듯이 근거 없는 기록은 없다. 두 개의 기록 모두가 틀리지 않을 것이다. 다음 기회에 언급하려 하지만 고구려, 백제, 신라가 이 시기에 한반도에 존재하지 않았다고 가정하면 의문은 해소된다. 당시의 한반도에는 가야만이 존재했었기 때문으로 추정되며, 그렇다면 두 기록 모두가 거짓이 없는 것이 된다.

제 9 장
수행을 통한 완성의 길

(1) 道를 닦는 것이 수행

흔히들 도를 닦는다고 한다. 도가 무엇인지 먼저 개념 정리를 해보자. 道는 한자로 길을 뜻한다. 파자해보면 갈 之와 머리 首로 나타나는데 머리로 갈 길을 만드는 것을 도를 닦는다고 볼 수 있고, 머리가 도의 중심에 있다는 것을 나타낸다. 머리는 인간의 생각을 지배하는 곳으로 가장 중요한 부분임을 누구도 부인할 수 없다. 그러나 머리는 두뇌뿐 아니라 이목구비의 도구를 갖고 있기도 하고 눈에 보이진 않지만 상두가 있기도 하다.

또 다른 해석은 道의 뜻이 '길'이란 의미를 가지고 있으므로 나에게서 길을 만든다는 뜻을 가지고 있기도 하다. 즉 내 몸에서 항상 기가 다닐 수 있는 길을 고속도로와 같이 만들어야 한다는 뜻이다. 도를 닦으면서 여러 가지 환상을 보게 되거나 마음의 안정을 찾는 등의 현상은 단지 부차적인 문제일 뿐이다.

(2) 천부경에서 알려주는 수행의 내용

　천부경에서 보면 처음에는 일과 삼의 생성과 변화를 이야기하면서 인간이 성장해오는 과정을 그리고 있다. 많은 변화를 겪은 다음에야 비로소 本(마음)이 움직이는 장면이 나오기 시작한다. 이때부터 비로소 완성된 인간을 추구하는 대목이 나오기 시작하며 그 설명은 아주 짧다.

本心本太陽 昻明 人中天地一
　이 12자에서 마음을 훈련시켜서 無(신)을 만나는 과정을 설명하고 있는 것이다. 이 문장의 뜻은 천부경의 상세해석에서 설명된 바와 같지만 이 문장에서 발생된 해석은 아주 다양하게 변화되어 역사 속에서 다양한 종교로 나타났던 것으로 보인다.

　먼저 태양신 숭배사상은 이집트, 마야 / 아즈텍, 고구려 등 한국인의 유물에서도 나타났다. 마야 / 아즈텍에서는 心의 해석을 인간의 심장으로 오인하여 인신공양으로까지 나타난 것은 인간 두뇌작용의 오류였다고 본다.

천부경에서 나타나는 모든 글자 하나하나가 온전히 실물을 상징하는 내용은 없다. 단지 상징적인 개념의 상태일 뿐이라는 것을 눈여겨보아야만 인간 두뇌의 오류를 줄일 수 있다.

本心本太陽은
'一妙衍 萬往萬來 用變不用不變'의 내용이 세상의 다양한 변화를 직접 겪는다는 뜻으로 세상의 체험을 직접 겪고 나면 마음이 바뀌는 '動本'이 필요하다는 점이 전제된다.

이와 같이 本(마음)의 변화를 이끌어내려면 본래부터 타고난 마음의 근본을 바꾸어야 한다. 인생의 다양한 변화와 희로애락을 겪으면서 마음이 다져지고 변화를 하겠다는 의지가 있어야만 밝음을 추구하고 유지할 수 있는 힘이 생기는 것이다.

그래서 어린 시절에 세상 경험이 부족한 사람이 일찍부터 자신의 빛을 찾겠다고 한다면 세상 경험 좀 더 하고 시작하라는 말을 해주고 싶다. 석가모니도 예수도 일상생활에서 번뇌하고 공부하다가 수행의 길로 접어들었던 것처럼 세상의 다양한 경험과 지식은 자신의 수행에서 자신이 필요한 방향과 성과를 이끌어내는 중요한 도구가 된다.

昻明과 弘益人間

내 마음을 닦아서 밝은 것을 끄집어내어서 갈고 닦는다는 것이 바로 도를 닦는다는 것이고, 그 수단과 방법은 이후에 전개하는 내용이 될 것이다. 그리고 왜 한국인이 밝을 桓, 밝다는 뜻의 배달, 역시 밝다는 뜻의 朝鮮을 한민족의 국호로 써왔고, 빛을 상징하는 흰색을 좋아하는지는 한국인 자체가 밝음을 숭상하는 민족이기 때문이다.

이 밝음을 적극적으로 표현하는 것이 홍익인간이다. 홍익인간을 하기 위한 자질을 갖추기 위하여 無와 本이 연결된 완성된 인간을 만드는 방법을 제시한 것이 '本心本太陽 昻明'에서 나타나고, 그러한 바람직한 인간의 궁극적인 모습이 갖춰져 가는 최종의 과정이 '人中天地一'이 된다. 이렇게 수행을 마친 인간의 마음이 태양의 역할과 모습이 같을 정도로 능력이 갖춰진 모습을 '[33]性通光明'이라 한다.

이렇게 공부를 마치고 능력을 갖추면 비로소 세상을 구할 수 있게 되면서 세상에 나가서 많은 인류를 널리 이롭게 하는 활동을 하게 되는데 이것이 '[34]弘益人間'이 된다. 이렇게 만들어진 홍익인간의 역할수행은 곧 인간사회를 조화롭게 하면서 천지를 다스리게

---

33) 성통광명, 無가 광명으로 가득한 상태
34) 홍익인간, 인간을 널리 이롭게 만든다.

되는데 그러면 세상을 조화롭게 만드는 개념이 '35)濟世以和'이다.

人中天地一

여기서의 一은 다른 一과는 또 다른 의미를 가지고 있다. 인간의 모습도 갖추고 있지만 신의 모습도 가지고 있는 인간으로 살아 있는 신이란 뜻이다. 마음먹은 대로 내가 어떤 행동을 하여도 본인뿐만 아니라 주변에 어떤 어둠의 해악도 끼치지 않는 진정으로 행동의 자유를 느끼는 인간이 된 상황을 말한다.

앞에서는 本이라고 표현하다가 광명을 온전하게 받아들인 이후는 비로소 人이라는 표현이 나타난다. 이제는 하늘의 이치와 땅의 섭리는 인간이 광명을 받아들임으로써 천지에서 보호받는 인간이란 차원을 넘어서 하늘과 땅과 함께 인간도 하나의 주체적인 존재가 되었다는 것을 뜻하며, 그 이전에는 인간의 모습을 하고 있지만 동물과 비슷한 본능에 의해서 움직이기도 하는 존재였다.

천부경에서 인간이라는 존재는 하느님을 대신할 수 있는 존재로서 의미를 가진다고 할 수 있다. 하늘의 이치와 땅의 섭리를 모두 관리하는 역할을 수행해야 한다는 것이다. 하느님은 커다란 우주를 주관하므로 인간이 거주하는 작은 공간을 자세히 관리하지 못하므로 인간이 대신할 수 있게 하는 것이 하느님의 뜻이다.

---

35) 제세이화, 모든 세상을 조화롭게 만든다.

우주관리는 법칙과 분산과 자율

거대하고 수많은 구성원들을 관리하려면 먼저 법칙의 제정이 우선한다. 하나하나의 구성 부분이 무엇을 하는지 하나의 無가 관리하기 어려우므로 규칙을 만들어둔다면 규칙에 어긋나는 부분은 금방 드러나며 빠르게 수정할 수가 있다. 그리고 이러한 우주를 구분하며 분산시킨다. 인체에서 장기가 분리되듯이 장기의 기능 또한 책임이 부여되는 것이다. 그래서 각각의 기능이 이상증상을 나타내면 그 또한 금방 수정할 수 있게 된다.

마지막으로 모든 부분의 기능의 수행은 자율에 맡기는 것이다. 어느 한 부분이라도 자율성을 상실하면 중앙에서 지도자를 파견하거나 다른 부분이 대신 그 역할을 수행해야 한다. 이러한 원칙은 과거 배달국과 고조선에서 소도제천이 중심이 되었던 시대에 통치 형태의 근본이 되었다.

(3) 수행의 목표와 방법론

이 수행론의 부분에서는 과학적이고 객관적인 증거가 거의 없다고 보면 되므로 천부경의 문장과 옛날 벽화들을 참고로 하여 본인이 경험했던 사실에 기반하여 상당히 주관적인 주장이 제시될 수밖에 없음을 미리 알리고 다소 부족함이 있더라도 이해를 바란다.

여기서는 어떻게 수행을 하는지와 앞에서 언급한 '人中天地一'의 목표를 어떻게 달성하는지에 대한 방법론이 나온다. 먼저 수행의 목표에 따라서 내공과 외공으로 구분하지만 여기서는 내공만 언급하겠다. 여기서 마음의 움직임은 필수적인 도구이지 방법론에 해당하지 않는다.

```
              ┌─ 호흡수행
   내공수행 ──┼─ 주문수행
              └─ 운동/주문복합수행
```

알려진 수행방법에 대한 의심

현재 알려진 일반적인 수행방법들 인도의 요가, 중국 도교의 각종 수행, 한국의 비전으로 내려오는 선도수련법 등이 있으나 이런 수련을 했던 사람들이 어떤 큰 성취를 이룬 사람이 현실에서 존재한다는 말을 들어본 적이 없다. 제대로 수행을 해서 완성을 했다면 상당히 [36)]오랫동안 살아남아 있는 사람이 있어야 함에도 현존하지 않는 것으로 봐서는 태고로부터 내려오던 수행의 방법들이 현세에는 더 이상 전하지 않는다고 봐야 할 것이다.

또는 현세에 남아있는 저런 수행방법들이 올바로 후대에 전해지지 않았거나 중간에서 실전 혹은 오역으로 인해서 왜곡된 방법들이 전해진 것인지는 알 수 없다. 필시 후자로 인해 애초의 뜻과 방법의 전달에 오류가 있었을 것이라 생각한다.

수행이론에 대한 재구성

앞의 일월론에서 언급되었던 바와 같이 지구는 일월의 움직임으로 끊임없는 에너지를 얻어서 젊음을 오랫동안 유지하여 활력을 얻어서 자기장을 유지하는 바와 같이 인간의 신체도 70%에 달하는 물을 일월이 움직이면서 끊임없는 마찰로 생명의 기본에너지를 얻는다고 볼 수 있다.

---

36) 오랫동안 살아남았다는 것은 보통사람들과는 다른 특별한 능력도 있어야 한다는 뜻이다. 창세기와 환단고기에는 천년을 살았다는 인간의 수명은 현실에 비추어서는 신뢰하기는 힘들지만 그것도 역시 특별한 능력이라고 본다. 당시의 환경이 어떠했는지는 아직은 아무도 모르니 쉽게 단정할 수는 없다.

다만 지구와 비교하면 아주 작은 크기로 에너지의 변화를 크게 느끼지 못하므로 인간은 인위적으로 일월의 움직임에 해당하는 변화의 에너지를 생성하도록 하는 것이 먼저다. 그리하여 천부경에서 나타나는 문장의 근거와 현재까지 남아있는 자료들을 살펴보면서 방법론을 정리해보면 다음 그림은 투르판에서 발견된 그림으로 인체의 본질을 나타내는 그림으로 보인다. 아래위에는 일월로 추정되는 그림이 있고, 주변에는 각종의 별자리들이 자리하고 있다.

인체 자체가 여자와 남자가 상징하는 음양으로 구성되어서 DNA의 구성이 연상되고, 이것은 일월에 영향을 받는다는 것을 뜻하며, 내 몸의 능력을 최대치로 끌어올리려면 내 몸에 일월의 역할을 하는 도구를 만들어야 할 필요가 있다고 보인다.

힘들게 고생하는 本은 無를 단련시킨다

無가 자신의 모든 것을 쏟아부어서 本을 만들어냈는데 無는 가장 기본적인 권한만 보유하고 대부분의 권한은 本에게 넘겨졌다. 그리고 無는 여전히 남아있으면서 本의 성장과 本과의 연결을 기다리고 있다.

이 기본적인 에너지는 생사여탈권인데 無는 本이 無의 본래의 목적을 달성하지 못하거나 本의 삶의 방향이 전혀 엉뚱한 방향으로 진행이 된다면 無는 언제든지 本을 회수하며, 이것은 바로 本의 해체와 죽음을 의미한다. 이것은 현실에서 자살이라는 형태로 나타날 가능성이 많다.

이 本은 마음으로 이해되는 부분인데 마음이 없으면 인간이 가진 몸이란 것이 죽은 거나 마찬가지이다. 本은 세상을 살아가면서 많은 변화를 겪는데 이때마다 마음은 달라지고 성숙하게 되며, 좋으면 좋은 대로, 싫으면 싫은 대로, 화나면 화나는 대로, 사랑하는 마음이 생기면 사랑하는 대로 수많은 생각들이 마음을 단련하고 변화시키는 과정을 거치면서 本의 모습은 달라지고 성숙한다.

그래서 수행을 통하여 無의 궁극적인 목적을 달성하려면 일찍부터 속세를 떠나서 수행생활을 한다는 것은 바람직한 방법이 못된다. 세상과 함께 부딪히는 것 자체가 수행의 과정인 것이다. '一妙衍 萬往萬來 用變不動本'의 변화가 많은 세상살이가 本을 더 크고 밝은 광명의 세계로 이끌어줄 수 있다.

無가 먹고사는 것의 인식

석가모니의 세기경에는 인간의 근원에 대한 설명이 나타나는 문장이 있는데 풀어보면 다음과 같다.

인간이란 본체는 빛을 먹고 산다

인간이란 실체가 없는 존재로 희열을 식량으로 하여 산다고 하였는데 희열이란 결국은 빛을 말한다. 모든 우주가 팽창하는 시기에는 만물이 개체 수가 증가하여 많은 것이 부족해져서 자연스럽게 인간의 욕심이 발생되면서 더 많은 에너지를 받아들일 수 있는 인간의 신체를 만들어서 無는 一이라는 껍질을 가지게 되었다는 것이다.

이미 생겨난 그 껍질을 유지하기 위하여서는 빛이라는 무형의 작은 에너지로는 생존을 할 수 없으므로 동물이나 식물 등의 실체를 가졌으면서 에너지 밀도가 높은 많은 존재를 흡수해야만 사는 존재가 인간이라는 뜻이다.

수행으로 인체의 실질적 변화와 권력의 속성

지속적으로 수행을 하여 제대로 공부가 되었을 때는 인간의 몸은 반드시 물리적으로 변하게 되어 있다. 한민족의 신체적 특징으로 편두를 자주 거론한다. 나중에 와서는 억지로 골격을 그렇게 만들기 위하여 강제적인 방법을 사용했었지만 실제로는 인간이 수행하면 골격이 그렇게 변했다고 생각한다.

이것은 쉽게 생길 수 없는 [37]편두의 형태를 완성된 자가 보통 사람들에게 외견상의 차이를 확실히 보여주면 보통사람들의 큰 저항 없이 정치적으로 지역의 통치권을 확보할 수 있는 수단이 되었을 것으로 생각된다. 환국의 시대에 지도자였던 환인이 완성된 자로 추정되는데 실질적으로 질병도 없고 오래 살았다고 한다.

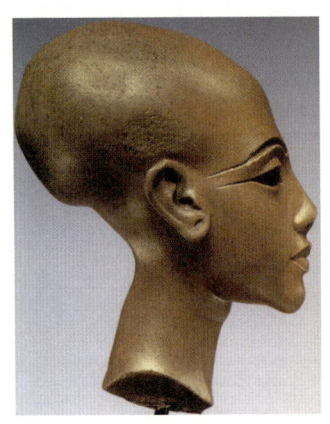 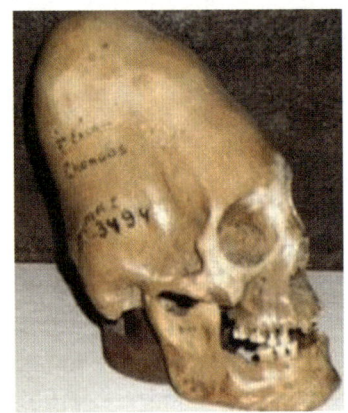

이것은 현생인류의 초창기에 수행을 통해서 실질적으로 완성된 자가 통치를 행사했지만 나중에는 이런 사람이 나오지 않자 궁여지책으로 인간의 골격을 인위적으로 변형시키는 행위를 했던 것이 편두의 발생 원인으로 생각된다.

보통사람이라면 생길 수 없는 인체의 외형에서부터 일반적인 사람들이 특별한 신체적 특징을 가진 사람에게 자발적인 복종심을

---

37) 편두는 위의 그림과 같이 두개골의 전두엽 부분이 비정상적으로 발달하는 모양을 나타낸 형태의 두개골로 수행의 깊이가 깊어지면 자연스럽게 나타난다고 알고 있다.

가지게 만드는 행위였다고 보는 것이다. 이러한 편두의 특징은 상투, 중산모, 갓 등의 형상으로 선민의식을 가질 수 있었던 것으로 생각한다.

그러나 세상이 흐르고 변해서 완성된 자의 출현이 점차 사라지고 오랜 기간이 지나면서 특별한 인간들만의 수행법이 점차 잊혀지고 잘못 전달되면서 수행에 의해 자연스럽게 생성되는 진짜 편두는 사라졌다고 보인다. 대부분의 인간들이 수행을 하지 않았던 까닭에 오히려 수행을 한 사람이 비정상적인 사람으로 취급받는 세상이 오게 되었다.

이러한 신체적 차이를 기억하는 사람들도 없어졌고, 인위적인 편두를 했던 사람들의 능력이 보통사람들과의 차이를 발생시키지도 못하면서 권력을 행사하려는 무리들도 생겨나면서 권력이라는 본래의 뜻을 되새기지도 못하면서 권력을 잡은 자들이 특권의식에 사로잡혀서 권세가 없는 사람을 깔보고 못살게 굴게 된 것은 과거 평화로웠던 시절에는 꿈도 꿀 수 없는 인류 역사상의 비정상적인 발전과정이라고 보인다.

편두가 있다는 것은 수행의 깊이가 있다는 뜻

편두가 나타날 정도의 수행실력이 있는 사람들은 절대로 인간이라는 개체에 위해를 가하지 않는다. 내 마음속에 어둠을 머물게 하고 싶지 않기 때문이다. 이것은 수행을 해본 사람이라면 아는 내용이고, 그렇게 행동이 되지도 않는다. 그렇게 되면 빛과는 다른 어둠에 빠지면서 누가 보아도 금방 알아볼 수 있을 정도의 특별한 차이가 나타나지 않기 때문이다.

따라서 권력이란 것의 속성은 과거에 자연발생적인 편두를 가진 자가 비범한 능력을 인정받아서 다른 많은 사람들로부터 지도자로 자연스럽게 인정을 받는 것이다. 그리고 인정받은 만큼 그들에게 대가를 줄 능력이 있어야 한다는 것이다. 그래야만 그 권력이 발생할 수 있는 어둠의 그림자로부터 자유로울 수 있다.

수행의 목표와 방법요약

1. 내 몸에 일월과 같은 항상 내 몸을 활성화시킬 도구를 만들어내는 것이고
2. 인간 세상의 온갖 풍상을 겪어내면서 희로애락의 경험과 지식이 중요하다는 것이고
3. 빛을 스스로 만들어내고 받아들이는 것이며, 마음에서 어둠을 몰아내어야 하는 것이며, 이를 통해서 本을 無와 소통시키는 것이며
4. 이런 수행을 통해서 내 몸의 신체적 변화와 골격의 변화를 끌어내는 것이다.

(4) 수행과 인체의 관계

단전과 단전의 촉수

수행의 중심이 되는 단전은 상단전 - 중단전 - 하단전으로 나누어진다.

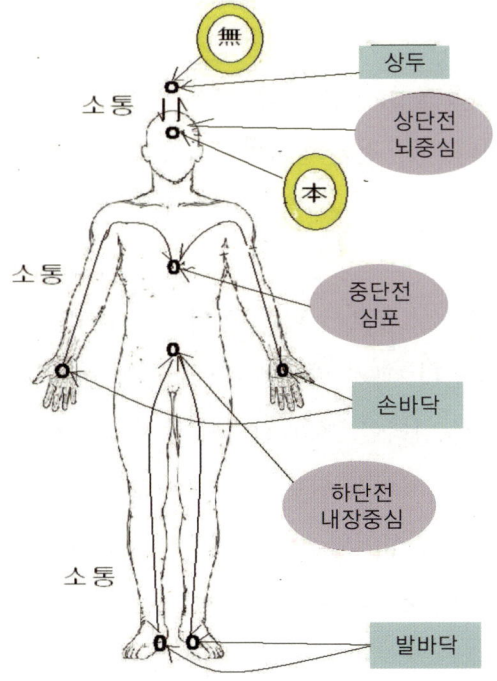

신과 같은 존재인 無는 인체에 속하지 않는다. 인체의 가상의 위치인 상두에서 머물며 대뇌의 상부에서 本인 마음의 상황을 살피며 영적 활동에만 전념한다. 상단전이 있는 뇌의 중심과 상두는 인간이 활동하는 시간이 아닌 잠을 자는 동안에 서로 소통을 한다. 상단전은 상두로부터 無의 기와 소통하고 흡수하며 마음이 머무는 자리이다.

중단전이 있는 심장은 한의학에서 심포라는 가상의 위치를 지정한다. 인체의 모든 곳에서 기운과 에너지를 소통시키는 水, 즉 혈액을 관리한다. 인체는 이 혈액의 상황에 따라서 건강해지기도 하고 병들기도 한다. 수행할 때는 중단전의 위치를 잡기가 가장 어렵다. 중단전은 손바닥에서 하늘의 기운을 흡수한다.

하단전으로 호흡을 하는 것은 가장 일반적으로 많이 사용하는 호흡의 모습이다. 하단전은 발바닥에서 땅의 기운을 흡수한다.

상두의 의미

상두는 한자로 上斗로서 머리 위의 북두칠성과 연결되는 자리라는 뜻으로 보인다. 과거 한국인들이 머리에 상두를 만들게 된 이유가 천부경에서 나타난 無의 절대적 존재에 대한 최상의 존경의 표시이다. 無는 나 자신을 만든 신의 존재로서 나에게는 그 이상의 존재는 없다. 북두칠성이나 자미원의 별을 언급하지만 먼저 1차적으로 자신의 신을 활성화시킨 후에서야 더 상위의 존재를 접촉할 수 있다.

뇌와 마음, 뇌와 상두 그리고 꿈

인간은 활동할 때는 마음이 모든 것을 통제하면서 뇌와 소통하여 마음의 데이터를 뇌에 저장한다. 인간이 활동을 멈추고 깊은 잠에 떨어지게 된다면 마음은 아무 활동을 하지 않고 쉬게 된다.

마음이 쉬게 되면 상두에 있던 無인 신이 활동을 개시하게 되면서 뇌에 있는 데이터를 취득하고 이 데이타를 분석하여 잘못된 내용과 잘못 움직이는 부분을 수정하여 수정해야 할 행동에 대한 명령을 내리고 위험할 경우는 사전경고를 하게 되는데 이 현상이 꿈으로 나타난다.

이러한 현상 중 無에 해당하는 부분은 뇌가 움직이는 것이 아니므로 뇌파측정에서 발견되지 않을 것이다. 현재의 방법으로는 無의 움직임을 알아낼 수가 없다.

(5) 호흡수련

　호흡은 인체를 유지하고 평정심을 유지하게 하는 가장 기본적인 도구이다. 어떤 경우에도 호흡이 고르지 못하거나 호흡을 인간의 마음으로 통제하지 못하면 생명을 유지하는 데 상당한 어려움이 따를 것이고 건강을 유지할 수 없다.

기본호흡
　호흡은 인간이 단 5분을 못해도 살아남을 수가 없다. 그래서 일상적인 호흡을 여기서는 기본호흡이라 부른다. 들숨과 날숨을 고르게 유지하면서 무리가 되지 않게 고르게 하는 것이 중요하다.

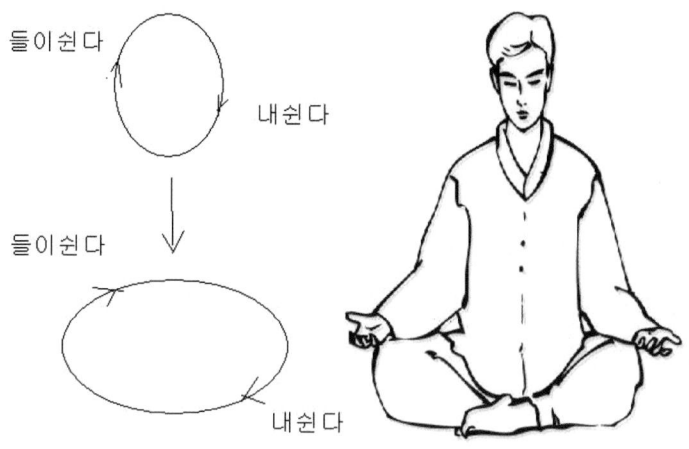

위의 그림에서와 같이 용호비결에 나와 있는 내용을 참고로 내 경험을 더하여 풀어보면 다음과 같다.

1. 편안한 자세로 앉아서
2. 눈은 콧등을 응시하고
3. 콧등은 단전을 염두에 두면서
4. 코로 들숨 날숨을 쉰다.
5. 이때 단전으로 들숨에서 기운이 들어오고
6. 날숨에서 기운을 뱃속으로 회전시키면서 분산시킨다.
7. 4~6호흡을 점차 시간을 늘려가면서 호흡이 길어진다.

겉눈은 감고 속눈은 떠라

눈의 시선처리에 대한 증산도 도전에서 표현된 문장이다. 이 말 뜻이 무엇인지 곰곰이 생각해보면 답을 얻을 수 있을 것이다. 그리고 이 문단은 호흡수련을 하던 주문수행을 하던 수행에 있어서 상당히 중요한 대목이다. 불교 사찰에 가면 부처상에 나타나듯이 눈을 반쯤 감은 상태에서 지그시 아래를 응시하는 자세다.

다른 사람이 보면 눈을 감은 듯 보이지만 본인은 눈을 감지 않은 상태로 빛이나 다른 사물의 움직임을 볼 수 있고 의식은 깨어있다. 이 자세는 상당히 중요한 부분으로 천부경에서 음양이 아닌 無가 중요한 역할을 하는 것처럼 시각의 황색지대를 표현하는 부분이기 때문이다.

마음호흡
내 몸 안의 기운은 내가 마음을 두는 곳에 따라서 움직인다. 기본호흡에 마음을 실어서 내 몸 안의 곳곳을 기가 돌아다니게 한다면 그것이 단전호흡이면서 마음으로 호흡을 한다고 하여 마음호흡이라고 부를 수도 있다.

마음을 움직여서 기를 내 몸 안으로 의도적으로 받아들이면 실제로도 기는 몸 안으로 들어오게 된다. 몸 안에 들어온 기를 몸 안의 부위들로 가는 길을 연다고 생각하고 마음을 움직이면 기는 실제로도 움직이게 되며, 같은 길을 반복해서 운행하면 내 스스로 기가 통하는 통로를 만들게 된다. 처음에는 좁은 길이겠지만 점차로 넓어지면서 나중에는 고속도로와 같은 크고 효율이 좋은 도로를 만들었다는 것을 알게 될 것이다. 그래서 길 도를 쓰면서 도를 닦는다고 불려졌던 것 같다.

마음은 단지 길만 닦는 데 쓰이는 것은 아니다. 내가 생각하는 것이 무엇인가에 따라서 내가 운용되는 기의 종류도 달라진다. 내가 단지 돈을 벌고 싶다고 생각한다면 부자가 될 수 있는 기운이 주변에 모여들게 될 것이고, 의술에 대하여 생각한다면 치료와 시술에 관련된 기운이 모여들게 될 것이고, 과학을 생각하면 기술과 창조에 관한 기운이 주변에 넘쳐나며, 정치를 하고 싶다고 생각한다면 일의 머리를 운용하는 기운이 모여들 것이고, 군사에 관한 생각을 한다면 다양한 전략전술을 운용하는 기운이 주변에 넘치게 될 것이다.

그래서 마음가짐의 자세는 수행하는 사람의 수행에 대한 결과를 결정하는 중요한 요인이 된다. 수행하는 것이 단지 환상적인 느낌을 얻기 위한 것이 아닌 본인이 세상에 태어난 목적을 달성하는 도구로서 활용할 수 있으므로 인간으로 살고 있다면 항상 수행을 해야 한다.

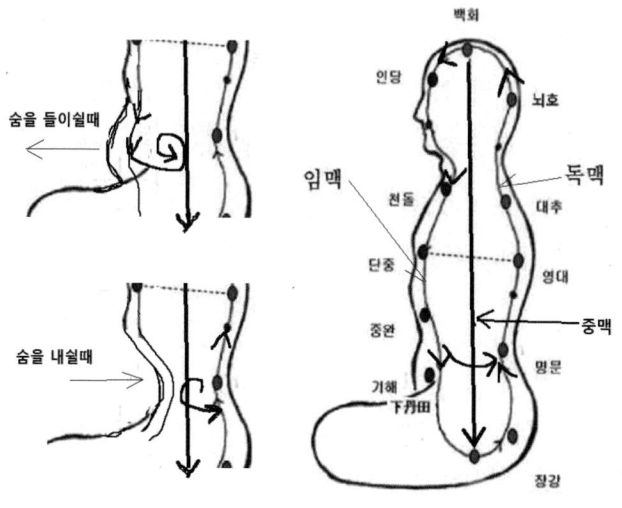

제9장 수행을 통한 완성의 길　277

처음에는 기본호흡으로 연습하면서 복부의 근육을 단련시키고 기본호흡과 마음호흡이 같이 움직이지만 익숙해지면서 분리해서 호흡을 한다. 기본호흡은 그대로 무의식중에 진행하면서 마음호흡을 진행하는 것이다.

기가 몸에 들어오는 것을 느끼게 되는데 의도적으로 기를 모아두는 것은 바람직하지 않다. 왜냐하면 몸에 모아두고 수시로 순환시켜 주지 않으면 뭐든 썩고 냄새나는 상태로 변하기 때문이다. 기가 썩으면 좋지 않은 생각이 드는 것은 당연한 이치다. 그래서 내 몸에 들어온 기는 즉시 순환시켜서 온몸에 분산시키는 것이 길게 보면 더 좋을 것이기 때문이다. 몸에 들어온 기는 운동을 할 때, 그리고 소화시키는 내장운동을 할 때 일정한 비율로 내 몸 안에서 소모된다.

영보국정정지법
영보국정정지법에서는 수행자의 마음가짐을 특히 강조하고 있다. 그 내용을 요약하면, 수행자가 지극히 큰 서원을 품고 지극한 정성과 마음을 일으켜서 생각마다 잊지 않으면 정정을 이룰 수 있다고 하였는데 정정이란 깨끗하고 고요한 마음의 상태를 만들어서 내 마음을 거기에 위치시키는 것이다. 주의사항으로는 수행 중에

1. 믿지 않는 것
2. 집중하지 못하는 것
3. 다른 생각을 하는 것

4. 집착하는 것
5. 환희로 기뻐하거나 동요하는 것
6. 빨리 이루고자 욕심내는 것을 금지해야 한다.

이와 같이 수행 중에 눈앞에 환상이 보여도 쉽게 믿지 말고 지극한 정성을 다해야 한다. 이러한 어려움을 겪고 나면 자신의 마음이 그런 현상 위에 우뚝 서 있을 수 있게 된다.

수행 중에 나타나는 긍정적인 현상들은
이러한 수행의 과정에서 기가 몸에 어느 정도 축적이 되고 음양의 조화가 이루어지면 우리의 몸에서 다양한 물리적인 변화가 나타나는데

1. 한 줄기 빛이 보이기도 하고
2. 작고 동그란 빛 덩어리가 꼬물꼬물 기어가는 모습이 보이기도 하고
3. 온몸에 꿈틀거리는 벌레 같은 것이 돌아다니는 것이 느껴지기도 하고
4. 시원한 기운이 빠져나가거나 들어오는 것이 느껴지기도 하며 결국에는
5. 온몸에 일만 마리의 개미가 기어가는 것을 느끼면서 참을 수 없는 상황에 이르기도 한다.

모두가 기가 몸속에서 운행하는 모습으로 환상을 보는 형태가

아닌 실제로 몸으로 느끼는 상황이라 처음에는 놀라서 수행을 멈추는 사람도 있는데 계속 진행해야 한다. 나중에는 일상에서 평범하게 느끼게 되는 것들이다.

더 진행이 되면

상단전과 無의 경계가 허물어지면서 하늘 또는 천장과 같은 것이 깨지거나 무너지는 소리를 듣기도 하고, 궁극적으로는 우리의 몸이 뼈가 튀어나오거나 어떤 부분의 살이 부풀어 오르는 등의 물리적으로 변화하는 현상이 나타나기도 하는데 이것은 대부분이 수행에 따른 긍정적인 현상으로 받아들이면 된다.

특히 수행이 끝나고 나서도 입안에 고이는 침의 맛이 어느 순간부터 '단맛이 나네?' 하는 생각을 가질 때가 오는데 수행이 정상적으로 되고 있어서 건강도 좋아질 수 있다는 것을 뜻하기도 한다.

결국에는 지극한 정성이 통하면서 밝은 불빛이 돌아다닌 것을 보는데 더 진행하면 태양과 같이 눈이 부셔서 감히 쳐다볼 수 없는 큰 불덩어리가 나타나며, 이것이 곧 인간의 차원을 떠난 [38]큰 無를 보는 것이다.

눈이 부시지 않다면 태양이 아닌 달을 보는 것으로 수행을 더 심도 있게, 그리고 더 깨끗한 마음을 가지도록 노력하면서 진행해

---

38) 큰 無는 하느님 또는 미륵부처님, 상제님의 뜻을 가진다.

야 할 것이다.

내 몸의 기를 운행도 하지만 우주의 기를 흡수해야 한다

수행 중에 기를 운행시키면 내 몸에서 기운이 돌고 있다는 것을 느끼게 되는데 뜨거운 기운이 돌아가기도 하고 시원한 차가운 기운이 돌아가기도 한다. 이것은 피부를 경계로 하였을 때, 피부 안쪽으로 기를 운행시킬 때는 주로 뜨거운 기운을 느끼지만 피부 바깥쪽을 운행시킬 때는 시원한 느낌을 가진다.

내 몸에는 내부의 기운이 운행하는 것도 필요하지만 밖의 기운을 주로 흡수해야 하는 것도 중요하므로 시원하게 느끼는 상황이 더 많도록 하는 것이 유리하다. 천지에 가득한 것이 氣이므로 밖에서 흡수한다는 것은 타인의 氣를 흡수하는 것이 아닌 천지 간의 떠돌아다니는 氣를 받아들이는 것이다.

기의 통로

이 氣가 들어오는 통로는 내 몸의 특정한 몇 개의 부위에서 들어오는 것이 아니고 온몸이 전부가 들어오는 통로이다. 피부 자체가 항상 氣의 들고 나는 것이 지속적으로 이루어지고 팔다리 역시도 마찬가지다. 피부도 들어오고 나가지만 머리카락과 피부의 일반적인 작은 털도 기가 들어오는 통로가 된다. 특히 가장 큰 통로는 백회를 통한 중맥이다.

기의 운행은 피부를 타고 흐르는데 피부의 밖을 운행하는 경우는 시원한 기운을 느끼게 되고, 안쪽만 운행하면 따뜻한 기운을 느 낀다.

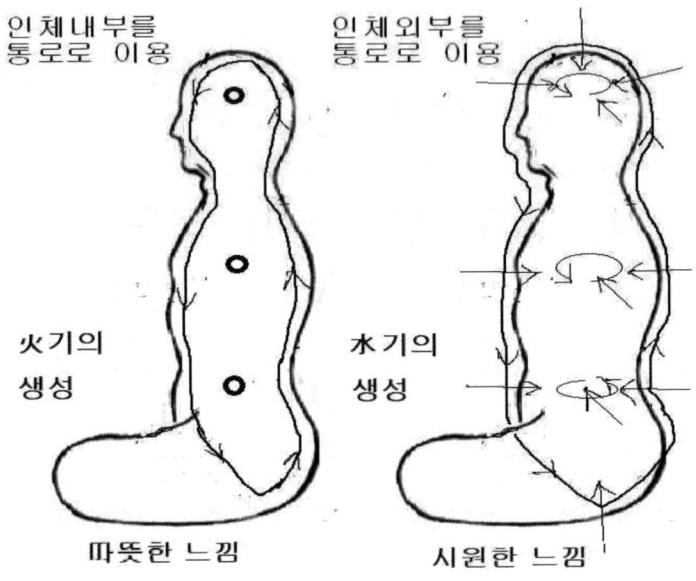

밖으로부터 몸으로 기를 받아들이게 되면 언제나 시원한 기운이 감돈다. 왜냐하면 이것은 몸밖의 대기로부터 받아들이는 기운으로 天氣로 水에 해당되기 때문이다.

(6) 주문수련법

〈3,300년 전 주문수행 모습〉

호흡수련의 연장선상에서 수행을 하면 된다. 역시 편안히 앉은 자세에서 주로 수련하게 되지만 걸어 다니면서 하기도 하고, 눕거나 자면서 하기도 하며, 뛰어다니면서 하기도 하므로 자세에 대한 특별한 제약이 없다.

바쁜 현대인들이 일상생활을 하면서 수행하기 가장 좋은 방법이다. 단지 수행하는 마음의 자세는 호흡법의 영보국정정지법에서 언급한 바와 같으므로 청정한 마음자세를 유지하는 것이 좋다.

마음호흡에서와 같이 기의 운행통로를 생각하지 않아도 되는 수행으로 마음의 청정함을 기반으로 주문을 읽는데 주문수행 자체가 주문을 읽는 동안에는 다른 잡념의 침범의 기회가 비교적 적다고 볼 수 있다. 일반적으로 절에서 수행하는 스님들이 목탁을 두드리면서 염불을 하는 것도 주문수련의 일종이며, 주문 읽는 소리의 곡조는 불교의 스님들의 염불소리가 가장 숙련된 형태라고 한다.

39)주문의 종류

주문의 종류는 종교마다 많은 종류의 주문이 있지만 대표적인 것만 골라보면 다음 표와 같다.

사용처	주문소리	뜻
힌두교	오~옴	우주의 근원 생명의 소리
기독교	아~멘	강한 긍정의 소리
불교	옴마니반베훔	모든 죄악이 소멸되고 모든 공덕이 생겨난다는 소리
증산도	훔치훔치태을천상원군훔리치야도래훔리함리사파하	생명의 근원으로 돌아간다는 소리

---

39) 주문, 빨 呪, 글월 文으로 기운을 빨아들이는 글 또는 소리

이러한 주문들은 입에서 소리를 발생시키면 기관지를 통해서 진동이 발생되며, 온몸에 그 진동을 전달시킴으로써 외부의 기운과의 접촉을 통해서 필요한 기를 빨아들인다.

오~옴은 주문의 기본음
산스크리트어에서 발생된 옴이란 글자는 여자의 자궁을 상징하는 글자로 자궁에서의 생명의 잉태는 생명의 시작이자 끝이다.

산스크리트어가 한국어의 모체라고 하면 너무 국수주의적 발상일까? 어쨌든 세계적인 언어학자인 강상원 박사의 연구결과인데 한국인의 사투리에 이러한 산스크리트어의 모든 것이 담겨있다고 한다.

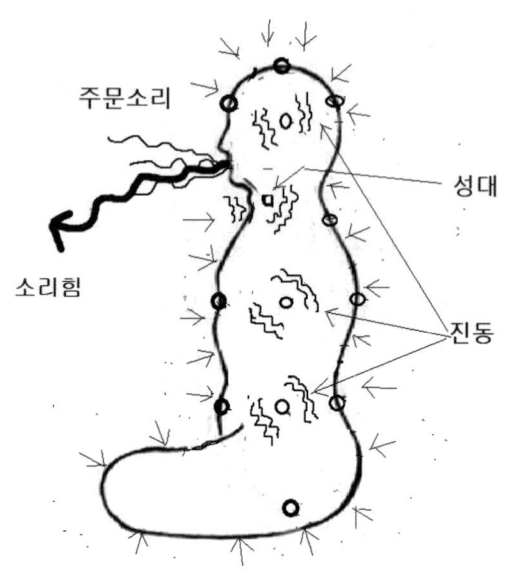

주문소리의 힘

주문수련은 상단전에 가장 큰 영향을 주지만 부문을 할수록 중단전과 하단전에 대한 소리의 관할력이 점차 강해지는 것을 알 수 있다. 입에서 나오는 소리의 진동이 장부에 전달되면서 영향을 미치다가 나중에는 전신에 소리의 진동이 전달되는데 온몸을 온전히 깨우는 좋은 도구라는 것을 깨닫게 된다.

주문을 많이 읽다가 보면 주문소리에 따라서 입에서 묘한 기운이 흘러나온다고 느끼게 되는데 이런 경지에 오른 사람들은 절대로 말을 함부로 해서는 안 된다. 그 사람의 말 한마디가 바로 천지간에 울려 번지면서 그 말의 실행하는 힘을 가지기 때문이다. 우주에서 부여받은 힘을 함부로 사용하여 세상에 문제를 일으킨다면 그 책임은 본인 또는 그 가족이 감내해야 한다. 수행과 능력에는 항상 그 책임이 뒤따른다.

호흡과 주문수행의 이해충돌

만약에 호흡수련만 해오던 사람이 방법을 바꿔서 갑자기 주문수련을 시작하게 되면 처음 주문수련 시작 후 일정한 기간 동안 많은 난관에 부딪히게 되는 경우가 있다. 전신에 힘이 쭉 빠지면서 잠이 부족하지도 않음에도 졸음이 밀려오거나 내 몸 안의 기운이 쭉 빠져버린 느낌을 받게 된다.

이것은 호흡수련의 기와 주문수련의 기가 성격이 달라서 나중에 시작한 기운이 앞에 수련한 기운을 밀어내기 때문이다. 그래서 처음으로 수련을 시작하는 사람이라면 수련의 기본은 호흡이므로 호흡수련을 먼저 시작하되 2~3개월 뒤에는 주문수련을 뒤이어 시작함으로써 처음부터 두 기운의 혼합을 시도하는 것이 좋다. 두 기운은 水와 火의 충돌이다. 두 기운이 섞일 수만 있다면 효과는 배가 될 것이다.

(7) 불교의 화두선

불교의 사찰에서 하는 수행은 과거 신교의 소도에서 수행하던 방법을 흡수하면서 한국불교의 수행문화는 세계적으로도 유례가 없을 정도로 다양한 방법을 담고 있다.

1. 절수행 108배
2. 호흡수행 안반수의경
3. 염불수행 불경
4. 참선수행 화두선
5. 무술수행 불무도

대표적인 것만을 골라도 위와 같다. 물론 내가 모르는 부분도 더 있을 것이다. 전체 구성 자체가 하나의 좋은 인간수련의 방법으로 보인다. 그러나 평생을 산중에서 수행하면서 사회생활을 하지 않아서 현실세계에서 벌어지는 희로애락의 시련과 시련 극복에 대한 경험의 부족은 현대과학에 대한 좋은 교육기회 부족과 함께 수행에 대한 큰 장애를 유발할 가능성이 있다.

천부경의 無에 대한 관점에서 보면 완성된 인간의 양질의 유전자를 세상에 남겨야 함에도 결혼을 하지 않아서 큰 無의 관점에서는 다소 문제로 지적될 수 있는 일이 아닌지 생각해야 할 문제로 보인다.

물론 불교의 관점에서는 석가모니 부처님의 가르침을 따를 의무도 있다는 점은 알고 있다. 내가 스님이 아닌 상태에서 가지는 조그만 의문일 뿐이다.

참선의 화두선

보통은 '이뭐꼬?'라는 의심을 유발하는 단어를 제시하면서 '부모미생전 이뭐꼬?', '만법귀일 이뭐꼬?'로 시작되는 참선은 생각을 보다 깊이 하면서 생각의 지평을 넓히는 좋은 수행방법이라 생각한다.

본인은 이것을 **'내가 하는 수행이 과연 올바른 방향으로 가고 있나?'**를 점검하는 도구로 사용한다. 어떤 한 가지의 사회현상이나 인간 개인의 인간성에 대하여 내가 생각하는 바를 기록해둔 뒤에 일정한 시간이 지나서 내가 판단했던 것들이 옳은 판단이었는지를 항상 비교하곤 한다. 내가 바르고 정확한 예상을 하였다면 당시에 내가 생각하던 방법이 바른 것으로 생각하고, 틀린 판단을 하였다면 내가 하고 있는 수행이 바로 되고 있다고 볼 수가 없다고 생각하여 무엇이 잘못되었는지, 원인이 무엇인지 찾아서 해소하거나 해소되지 않는다면 수행을 잠시 멈추어야 한다.

나는 저 사람이 올바른 사람이라 생각했는데 바르지 못한 모습으로 세상에 나타났다면 내 마음의 길이 바로 잡혀져 있지 않다고 생각한다. 내 마음의 길이 바로잡히지 않았는데 불구하고 계속 오던 길을 간다면 나중에는 처음에 목표했던 곳과는 전혀 다른 길을 가고 있을지도 모른다.

큰 의심이 없다면 큰 깨달음도 없다

항상 나는 수행을 함에 있어서 이러한 경계를 둠으로써 내 마음의 길을 잃지 않으려 한다. 영보국정정지법에서 '큰 의심이 없다면 큰 깨달음도 없다.'는 말이 있다. 진정한 깨달음은 의심의 편에서 진리를 반대편으로 바라본다면 더 없이 확실한 모습의 진리에 도달한다는 것을 말해준다. 그래서 의심을 하는 것이 진정한 수행의 길이다.

간혹 무조건 믿으라고 강요하는 사람들을 보는데 그들은 좋은 방향으로 가고 있다고 볼 수가 없다. 인간은 부여받은 뛰어난 두뇌로 남들이 생각하지 못하는 부분을 관찰하고 만들어내는 창조적 생각과 자세야말로 가장 인간적인 모습으로 생각한다.

(8) 상두호흡과 뇌과학

 인체의 세 단전에는 각각의 역할을 담당할 기관이 있어서 단전에서 기운을 모으거나 특별한 목적으로 사용하고자 할 때 활용하도록 단전의 보조역할을 한다. 단전은 상중하의 3개로 구분한다.

1. **하단전에는 다리의 발**
2. **중단전에는 팔의 손**
3. **상단전에는 상투(가상의 위치)**

 하단전과 중단전은 천부경에서 一을 의미하는 위치로 천지로 분화된 모습이고, 하단전과 중단전이 각각 음양을 가지게 된 위치가 중단전은 손, 하단전은 발이다. 상단전은 천부경의 無가 거주하는 자리로 뇌와 함께하면서 음양으로 분화한 모습이 상단전은 상두인 것이다.

無와 本의 교류를 증가시킨다

머리와 상두에 있는 無와 本을 인위적으로 교류시키기 위하여 마음호흡을 이용하여 인위적으로 기를 위로 보냈다가 다시 빨아들이기를 반복한다.

本에서 無로 보내는 움직임은 한 번 수행 시 1~3회만으로 충분하다. 無에서 本으로 빨아들이는 마음호흡은 지속적으로 계속 반복하는 이 호흡이 상두호흡의 핵심이다. 빨아들이는 호흡에서는 상두 – 뇌 – 중단전 – 하단전 – 항문까지 끝까지 들어온다.

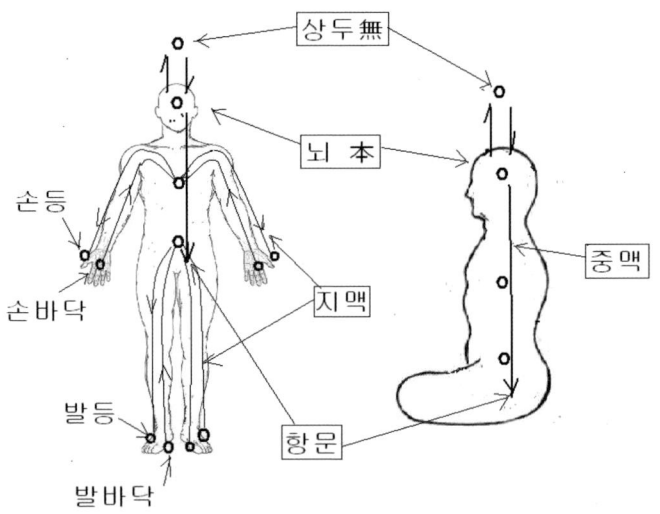

이때 날숨은 다시 상두로 기를 밀어 올리는 것이 아닌 인체 내부에서 모두 흡수되도록 회전을 시키며, 날숨에서도 상두에서는 지속적으로 기운이 흡수되도록 한다.

뇌의 구조와 심리

상단전인 뇌에는 本의 모습이 나타나 있고, 상두에는 눈에는 보이지 않지만 無가 거주한다. 그래서 수행의 마지막은 이 상두로 호흡을 해야만 완성된다고 본다. 無가 만들어낸 本이 거주하는 인간의 뇌에는 인간이 동물과 다른 점을 나타내는 대뇌피질이 고도로 활성화되어 있다.

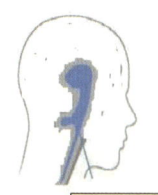 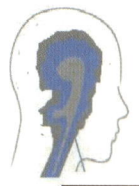 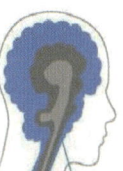

파충류뇌 — 운동을 담당하는 부분까지 발달
포유류뇌 — 감정을 표현하는 부분까지 발달
인간의 뇌 — 종합하고 분석하는 부분까지 발달

위 그림에서 보면 인간이 동물과는 어떤 차이를 보이는지 확연히 드러난다. 동물은 인간을 대신할 수 없는 것이다. 간혹 인간의 배신행위에 실망을 느껴서 차라리 동물이 낫다고 하는 경우도 있는데 배신행위조차도 인간성의 적나라한 표현인 것이고, 빛과 어둠의 표현에서 그 운용의 차이를 인식하면 되겠다.

결국은 뇌의 역할인 마음가짐은 어릴 때부터 부모 또는 교육기관에서 받아온 교육의 차이, 그리고 조상으로부터 받은 유전자의 조합에 영향을 받는다. 이 유전자조차도 후천적인 교육과 생활환경에 의해서 바뀐다.

뇌과학은 本만 연구하고 無의 존재는 모른다

요즘 뇌과학이 고도로 발달되면서 인간의 행동, 감정 등에 대해서 모든 것을 과학적으로 잘 설명하고 있어서 마치 마음이 우리 인체의 모든 것을 지배하는 것으로 생각하기 쉽다. 인간에게 나타나는 無의 존재를 부정할 수 없는 현상을 더 깊이 생각해보면

1. 예지몽이란 현상이 나타나며
2. 죽음에 이르러서는 마지막 30초간 뇌파활동이 폭발적으로 증가하는 현상이 있으며
3. 죽었다가 다시 살아온 사람들의 체험에는 인생의 긴 여정이 기록영화를 보듯이 지나간다는 말을 하고 있고, 긴 터널을 빠져나간다는 경험을 얘기한다.

이러한 현상이 왜 일어나는지 과학적으로는 아직 설명을 못하고 있다. 이것은 현대과학으로는 아직까지 현실적으로 규명하기 어려울 것으로 보인다.

無와 本의 활동영역

천부경에서는 '운삼사성환오칠'의 '五七'이란 숫자에서 오와 칠이 의미하는 바를 되새길 필요가 있다. 앞에서 언급되었다시피 七은 인간의 세상에서 벌어지는 현실의 일들을 말하는 것이고 五는 인간세상이 아닌 無의 차원에서 벌어지는 일들로 구분된다. 즉 마음이 뇌를 장악하고 있는 부분이 7이고, 혼이 장악하고 있는 부분이 5라는 말로 5의 부분은 뇌파활동에 나타나지 않는다.

활동 시, 인체 ↔ 마음(本) ↔ 뇌저장
잠잘 때 정보취득   혼(無) → 뇌저장
        명령하달   뇌저장 → 혼(無)

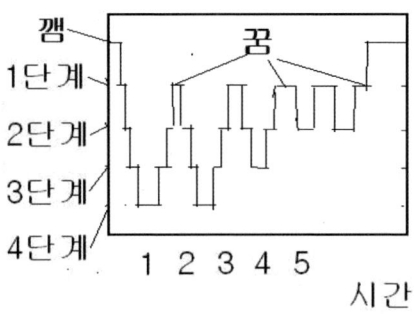

 수면의 4단계에 이르면 뇌파가 상당히 느려진다는 것은 本의 상태에서는 마음의 휴식이지만 無의 상태에서는 가장 활발한 활동을 하는 상태이다. 이 상태의 無는 뇌파가 발생되지 않으므로 현대과학으로는 규명할 방법은 없다. 無의 활동은 인체 내에서 움직이는 것이 아니기 때문이다.

꿈의 상황

 인간이 잠을 자기 시작하면 本이라는 마음은 사라진다. 대신에 나타나는 無는 인간의 잠을 관리한다. 먼저 가장 깊이 잠들었을 때 無는 활동시간대의 자료들을 열람하면서 문제가 있는 부분들을 골라서 뇌의 부분에 다시 확인 또는 정보들을 취합하면서 잠이 4단계로 갔다가 다시 1단계로 갔다가를 반복하면서 실행되는 움직임으로 보인다.

1단계 수면에서는 렘수면 단계로 꿈을 꾼다고 한다. 無가 확인을 하는 과정이므로 뇌의 데이터베이스에 반응이 있으므로 뇌파가 나타나며, 움직이고 있다고 볼 수 있는데 이것을 꿈이라는 형태로 나타나는 것이다.

그 이후의 계속 반복되는 꿈은 잠자는 상태에서 벌어지는 끊임없는 無와 本 사이의 소통이다. 낮에 했던 많은 기억들을 정리하고 저장하는 것이며, 無로부터 받은 여러 가지의 지시사항들을 우리의 뇌 속에 저장하는 과정이 꿈인 것이다. 그래서 이 1단계의 수면에서 벌어지는 일들은 쉽게 잊어버린다. 작업과정이기 때문이다.

예지몽

일반적인 꿈의 활동내용과 예지몽은 확실히 다른 모습으로 나타난다고 볼 수 있다. 인간의 本으로 하여금 확실히 기억하도록 해야 하므로 좀 더 깨어난 상태에서 일이 벌어진다고 본다.

無도 本도 잠들지 않은 상태, 아마도 0.5단계의 렘수면 정도로 추정된다. 왜냐하면 예지몽은 잠들기 시작하는 순간과 잠에서 깨어나는 순간에 나타나기 때문이다. 예지몽은 일반적인 꿈보다는 더욱 생생한 가운데에서 나타나게 된다. 그리고 그 내용은 반쯤 깨어난 상황이므로 일반적인 꿈과는 달리 쉽게 잊어버리지 않는다.

내가 낮에 활동한 거와 같은 상황에서 벌어지기 때문이기도 하며, 예지몽은 無가 자신의 本을 보호하기 위한 적극적인 표현이므로 本으로 하여금 그 내용을 기억하도록 해야 하기 때문이다.

죽음을 맞이한 無의 마지막 조치
無는 本이 죽음에 이르렀다고 생각이 되면 인체가 굳어서 뇌가 더 이상 데이터 전송이 불가능해지기 전에 뇌에서 저장된 모든 데이터를 회수하는 작업에 나선다. 죽기 전 30초에서부터 뇌의 활동이 급속히 증가하는 현상인 것이다.

그리고 그 과정은 죽어가는 인간이 자신의 일생이 파노라마처럼 순식간에 지나가는 것을 보는 것이 뇌에서 無로 데이터가 전송되는 마지막 뇌의 활동이다. 그만큼 無와 本 사이의 데이터의 전송 속도가 빠르다는 말이 된다.

데이터가 전송되고 나면 딱딱하게 굳어져 가는 인체에 남아있다가는 다시는 本이 나올 수가 없으므로 마지막 탈출과정으로 긴 터널을 통과하며, 자신의 無가 발하고 있는 빛의 세계로 이동하는 것이다.

빛의 세계와 어둠의 세계
그 빛의 세계는 자신이 만들어둔 세계이며, 자신이 머물러야 할 세계가 된다. 자신의 마음에 광명이 많다면 밝은 빛을 보게 될 것이고, 어둠이 많다면 어둠의 세계로 들어가게 될 것이다. 온전히 자신이 만들어 놓은 세계가 된다.

수행을 통해서 반쯤 깨어난 상태의 상황은 렘수면 상태보다 더 생생한 현실감을 느낄 수 있고, 내 몸 자체가 현실에서 움직이는 거와 같은 상황으로 인식하는 이런 상황은 수행을 통해서 인위적으로 만들어낼 수도 있다.

뇌과학이 보지 못한 無의 활동

뇌과학이 추구하는 바는 뇌파의 형태와 호르몬의 분비에서 나타나는 움직임으로 인간의 뇌를 규명하고 있다. 이러한 인식은 세계 각지에서 지금 현재 유행하고 있는 명상수행의 개념으로 뇌의 활동을 평가했기 때문으로 보인다.

그러나 천부경에서 나타나는 수행의 목적은 어떤 심리적 희열을 경험하거나 마음의 안정을 얻기 위해서 수행을 하는 것은 아니다. 보다 더 근본적인 문제인 無의 목적이 무엇인지에 따라서 인간의 삶이 결정되고 선택되는 사실을 알아야 한다. 결국은 無의 목표에 따라서 살아가고 수행한다고 볼 수 있다.

이것은 無와 本이 같은 것이지만 현실에서는 공간적으로 다른 존재인 까닭에 쉽게 발견할 수가 없다. 無가 없다는 가정에서 출발한 과학적 전개는 오류를 낳을 수밖에 없고, 수행을 필요로 하는 사람들에게 '결국은 죽으면 없어질 것인데 왜 그런 어려운 수행을 하는가?'라는 부정적 생각을 하게 할 수 있다.

그래서 本인 마음으로서는 구태여 진짜 나 자신이 되는 無를 위하여 어떻게 의미 있게 살아야 하는지를 고민해야 할 필요가 없어지는 것이다. 아담과 이브가 사과를 따먹으면서 호기심의 세계로 들어갔듯이 인간으로 하여금 현실세계의 쾌락에 안주하게 만든다면 뇌과학이 아니라 어떤 첨단과학이 발달하여도 인간의 유전자는 오히려 퇴보할 수도 있다.

(9) 맑은 물을 마주한다

맑은 물을 청수라고 부른다. 내 몸에 존재하는 작은 無가 아닌 보다 더 높은 차원의 큰 無 또는 다른 세상에 있는 無와 소통하는 매개체가 맑은 물이다. 그 세계에는 물론 無, 즉 神이 있다. 내가 맑은 물을 떠놓고 소리를 내는 순간부터 큰 無와 연결된다.

한 차원 높은 큰 無의 모습은 키는 사람보다 4~5배는 크고, 바느질한 부분이 나타나지 않은 옷을 입고 계신다. 그리고 항상 책을 들고 있었던 것으로 보였다.

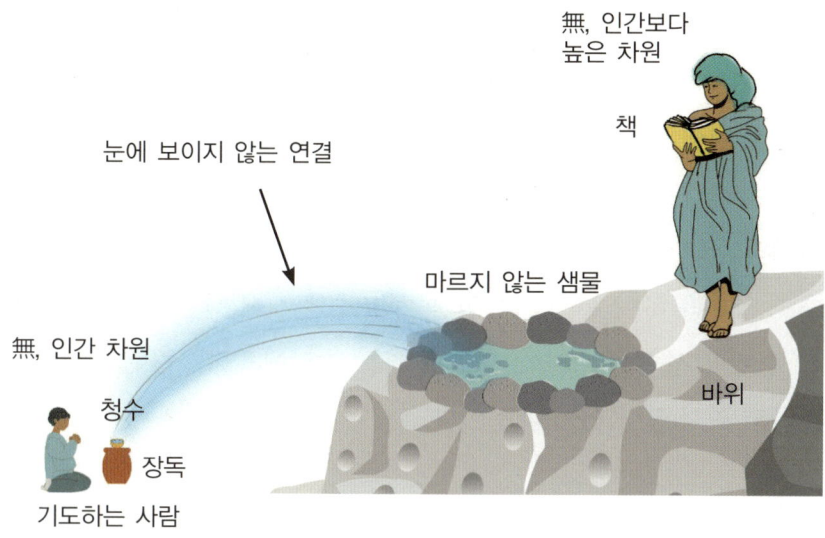

또한 無는 샘물과 함께 존재한다. 그 샘물은 넓은 바위 위에서 절대로 마르지 않고 넘치지도 않는데도 새로운 물이 계속 올라온다. 이러한 상징성으로 큰 無를 향한 기도에는 그릇에 청수를 올려서 기도를 하면 큰 無는 내 말을 직접 들을 수 있다고 보는 것이다.

기도를 할 때는 나의 작은 無의 앞에 두는 맑은 물은 큰 無가 존재하는 크고 넓은 바위 위에 샘물과 직접적으로 연결되면서 맑은 물은 매개체가 된다. 한국인의 조상들은 새벽에 깨끗한 물 한 그릇을 장독대에 올려놓고 하느님에게 가족의 안녕과 고민을 털어놓으며 잘 해결해주실 것을 빌었다. 그게 효험이 있었는지는 나도 모르지만 내가 경험했던 바로는 내가 읽어가는 주문소리는 큰 無의 바위샘물에서 흘러나오고 있었다.

맑은 물에는 이물질이 들어가지 않도록 해야 한다. 콜라나 사이다 같은 음료수나 술은 無의 세계에서 통용되지 않는다. 오로지 이물질이 섞인 것으로 인식되며 오염된 無가 대신 자리를 잡게 된다. 물은 無에 있어서 에너지의 원천인 동시에 음식물과 같은 것이다. 자세히 살펴보면 불교에서도 법당에 청수를 항상 모시며, 기독교에서도 성수라 하여 물을 사용한다. 주문수행 시에 사용하는 맑은 물은 수행의 성취나 기도의 효과가 빠를 수밖에 없다. 큰 無는 나의 소리를 직접 듣고 있기 때문이다.

(10) 見性과 완성의 모습

견성

 수행이 무르익으면 범어사 청련암의 벽화에서 그려진 모습과 같이 또 다른 본인의 모습을 직접 보게 된다. 이것이 앞에서도 설명되었던 本이 자신의 작은 無를 만나는 상황으로 아주 중요한 의미를 가진다. 이 또한 수행의 종류에 따라서는 뜨거운 태양을 보는 경우도 있다. 아마도 수행방법의 차이에서 벌어지는 차이로 보인다.

 위의 그림과 같이 입에서 나온 화살표가 無의 관리를 거쳐서 다시 無의 입을 통해 정수리로 들어오는 과정은 수행자가 자신의 無와 대화하는 과정을 표현한 것이다. 여기서부터는 그 사람의 스승은 자신의 無가 된다. 無와의 대화를 통해서 자신의 수행을 발전시켜 나가는 것이다.

위 그림은 천부경에서 말하는 '본심본태양'에서의 태양의 출현이다. 수많은 빛이 출현한 후에 나타나는 태양의 광명이다. 눈이 부시어서 저 태양을 바로 쳐다볼 수가 없다. 이 과정에 가기까지는 수많은 별빛들, 달빛과 같은 모습의 여러 형태의 광명이 나타나지만 진짜에 도달하지 못한 것이라 보면 된다. 수많은 별빛들이 내 몸 안으로 들어와서 일정한 부분에 자리를 찾아서 앉게 된다.

불교에서 도를 통하는 입문의 상태가 이 견성인 것이며, 이 견성은 입문 단계일 뿐 결코 최종의 단계는 아니다. 견성을 하기 위한 많은 방법들이 있을 수 있지만 어떤 방법이 효율적인지는 아무도 알지 못하므로 인연이 닿는 방법을 선택할 수밖에 없다. 그리고 중간과정에서 나타나는 체험과 현상들은 모두가 다를 것이다. 그러나 그것이 추구하는 공통의 목표는 천부경에서 나타난 광명의 체득과 無와의 연결이다.

견성을 얻고 난 뒤로의 수행은 온전히 자신의 판단에 달렸다. 그 자신이 보았던 無는 無의 대행자인 본에게 다시 궁극의 길로 가기 위해서는 어떤 방법을 택해야 하는지를 알려줄 것이다. 그것은 소리나 모습이 아닌 생각으로 전달하게 된다.

인간의 변화와 새로운 존재의 출현
인간이 수행을 하면 상위의 존재만 만나는 것이 아니다. 나의 분신이 만들어질 수도 있는 것이다. 다음의 그림은 산동성의 기씨 묘실에서 나타난 벽화이다.

복희여와로 알려진 두 남녀가 서로 마주 보면서 용의 몸체가 서로 꼬여있는 것을 볼 수 있는데 내 몸 안의 음양이 서로 상대적인 존재가 되어서 합을 이루는 것으로 인간 DNA의 표현으로 보인다. 이것은 수행 시에 나타나는 인간 DNA의 변화와 함께 새로운 영적 존재의 탄생이 가능하다는 것을 말해준다.

수행을 계속하다 보면 본인 외에 어떤 존재가 생겨난 것을 볼 경우가 있는데 이 존재를 [40]광성자라고 해두자. 광성자는 시간이 가면서 점차 자라난다. 이 광성자는 내 DNA의 음양의 사이에서 새로 생겨난 존재이다.

광성자는 수행의 결실이다

광성자는 빛의 존재다. 수행을 해서 빛이 모여지고, 그 빛이 남아돌게 되면 빛으로 뭉쳐진 새로운 존재가 형성된다. 계속해서 이 광성자는 내 옆에 존재할 수도 있지만 인간세상에 몸을 받아서 태어나기도 한다.

이 상태는 내가 수행을 했던 결실이 되거나 수행의 기운이 넘쳐서 남은 기운이 뭉쳐진 것일 수도 있고, 수행을 그만두면서 내 기운이 하락하면서 뭉쳐진 것일 수도 있다. 빛으로 뭉쳐진 이 존재는 내가 수행하는 데 심부름을 하는 등의 도움이 되기도 하지만 반드시 그렇지 않을 수도 있는데 그것은 순전히 본인이 어떻게 생각하

---

40) 光性子(광성자), 빛의 본성으로 이루어진 아들 또는 존재

느냐에 달렸다.

광성자에 빛이 아닌 어둠이 물들면 세상에 해로운 영향을 미칠 수도 있으므로 조심스럽게 접근해야 하며, 마음가짐이 아직도 바르지 못하다면 수행을 멈춰야 한다. 이 광성자의 탄생은 천부경에서 대삼합육 생칠팔구를 표현한다고 보면 된다.

자와 컴퍼스

앞의 그림 광성자의 양쪽 손에 자와 컴퍼스를 들고 있는 것은 인간세계를 살아감에 있어서 대충하는 것이 아니라 정확한 수치에 의한 과학적인 사고방식을 가지라는 뜻이다. 시대에 앞서서 수행하는 것은 첨단과학과 자연의 섭리에 맞아야 한다는 뜻이고, 현실에서 벌어지는 과학적인 현상에 대한 공부도 병행하면 도움이 많이 될 것이다.

기는 사용하면서 자동보충

사람의 근육은 운동을 하면서 氣를 사용하면서 소진하고, 피부는 체온을 유지하기 위하여 氣를 발산하게 되고, 내장에서 음식물을 소화시키면서 기를 소비한다. 이렇게 소진된 氣는 수행이 잘 되어서 인체가 완성된 상태가 되면 소진하는 즉시 온몸에서 氣가 자동적으로 보충되게 된다.

이것이 인체가 완성체가 되어가는 과정이며, 굳이 일이 바빠서 수행을 많이 하지 못하더라도 소진된 氣는 자동 보충되어지는 상황을 경험한다. 이런 상태가 되면 상당히 오랜 기간을 생존하는 것으로 알고 있으나 요즘은 이런 존재가 나타났다는 말을 들어보지 못했다.

알음귀

인간이 어떤 분야에 대하여 많은 노력을 기울이게 되면 관련된 우주의 모든 신명들이 모여서 알려주는 행위를 말한다. 과학자들이 연구에 집중하다가 보면 불현듯 아이디어가 스쳐가듯이 생각에 떠오르는 현상이나 정치에 있어서 서로 간의 갈등을 봉합하려고 노력하다가 보면 보통사람들이 생각하지 못하는 해결의 길이 찾아지는 현상이다.

아르키메데스가 부력의 원리를 발견했을 때에 '나는 알았다!'라고 외치면서 기쁨을 이기지 못하고 목욕탕을 뛰쳐나온 것도 불현듯 스치는 이러한 알음귀의 결과물로 보면 된다. 결국은 공부를 많이 한다거나 연구에 몰두하는 과학자들의 연구행위 또한 마음을 고도로 집중시키는 수행의 일종이라고 볼 수 있다.

궁극의 경지에 이른 인간의 모습

이 부분은 나도 잘 모르지만 천부경에서 언급한 부분으로 추정하여 보면, 최고의 경지로 완성된 인간은 인체를 가진 살아있는 신의 모습이 아닐까 생각한다. 無가 本과 합해지면서 인체를 가진 신의 존재로 보인다.

즉, 本과 無가 일체화된 인간은 신과 같은 존재가 되는 것이다. 이 상태는 내가 마음먹은 대로 행동을 하더라도 천지의 이치에 전혀 어긋남이 없는 상황을 만들어낼 수 있는 능력을 가진 인간이 되는 것이다. 이런 상황의 전개가 [41]나비효과를 일으키면서 지구 반대편의 거대한 변화를 일으키는 현상이 나타난다면 그는 아직도 신과 같은 완성된 존재는 아니다.

---

41) 나비효과, 지구의 한편에서 나비가 날개짓을 하면 지구 반대편에서는 태풍과 같은 큰 변화를 일으킨다는 현상이다.

제 10 장
천부경에서 보는 양자역학

(1) 4차원의 시간과 허수

미끄러지는 시간

세상이 움직이는 것은 먼저 **마음 → 행동 → 움직임**으로 진행된다. 여기서 마지막 단계인 움직임은 인간이 오감으로 느끼도록 변화가 오는데 시각, 청각, 후각, 촉각, 미각에 의해서 감지한다.

움직임이 발생할 때 움직임이 한 개이면 오감으로 동시에 느껴야 함에도 수행이 진행된 사람에게 어떤 경우에는 마음만 먹어도 소리 또는 냄새가 먼저 나고 움직임이 나중에 일어나는 경우가 있다. 이것은 소리의 시간과 움직임의 시간이 일치하지 않고 미끄러지는 현상이다. 각각의 시간이 존재한다는 뜻으로 보이며 경우에 따라서는 시간이 공간과 별도로 존재할 수 있는 현상으로 보인다.

소리가 먼저 나서 만약에 행동을 멈추면 소리만 먼저 들렸을 뿐 이후에는 아무런 움직임이 일어나지 않는다. 이 현상은 마음의 힘이 강해지면서 한쪽의 시간에만 에너지가 강조되어지는 상황으로 보인다. 더 진전이 되면 마음만 먹어도 실물이 움직이게 될 수 있는 상황을 만들면서 인간의 초능력이 발휘되는 현상의 시작이 될 수도 있을 것으로 보인다.

그렇다고 미래를 미리 알 수 있는 것은 아니다

이러한 초능력이 발휘되면 '간혹 미래를 미리 알 수 있는 것이 아닌가?'라는 생각을 하는 경우가 있지만 그런 것은 가능하지 않을 것으로 생각된다. 마음은 먹었더라도 내가 행동을 멈추면 그에 따른 움직임은 발생되지 않았기 때문이다. 이것은 인간이 마음을 다르게 먹는 순간에 모든 움직임이 달라지게 되는 것으로 보는 것이다. 순간순간의 달라지는 마음가짐이 미래에 일어날 사건을 만들기 때문이다.

마찬가지로 국가나 기업 등 사회의 어떤 부분이 어떤 가치관을 가지고 움직이느냐에 따라서 그 집단의 미래가 변하게 되는 것은 같다. 결국은 인간이나 집단이나 모두가 마음가짐이나 가치관의 형성이 미래를 결정한다는 뜻이다.

> 정해진 미래는 없다.
> 지금 당장 마음먹기에 따라 변하기 때문이다.

無의 세계와 허수

一과 無가 숫자로 1과 0으로 나타난다면 1은 현실세계에서 어떤 더하기, 빼기, 곱하기, 나누기를 하여도 규칙에 따라서 계산이 가능하다. 그러나 0은 나누기에서 계산이 불가능한 유일한 숫자가 된다. 인간세계에서도 一의 차원에서 움직이는 것은 모든 것이 규명 가능하지만 無의 차원에서는 이해할 수 없는 현상이 나타나는 것이다.

인간이 존재하지만 눈에 보이는 양의 본체인 인체와 보이지 않는 음의 본체인 마음이 함께 존재하므로 인체는 양의 세계이고 마음은 음의 세계이다. 이것을 가장 단순한 숫자인 +1로서 인체를 표현한다면 마음은 -1로 표현할 수가 있다. 여기서 마음은 뇌의 작용에서 나타나므로 本은 마음의 씨앗이 되며, 無는 本의 씨앗이 된다. 모두가 가상의 존재이기는 마찬가지이다. 그래서 無와 本의 세계를 허수로 표현해보면 다음과 같다.

인체	양	음
+1	+1	+1
x	$(x)^2$	$((x)^2)^2$
x	$\sqrt{x}$	$\sqrt{x}$
-1	i	$\sqrt{i}$
뇌 →	本(마음) →	無(영혼)

$i \times i \rightarrow$ -1로 가정 시

이런 방정식이 無를 표현할 수 있을까? 인체는 양으로서 토로 이루어진 몸체가 구성되어지면 그 내부에서 음으로서 수와 화가

토의 내부를 순환하면서 토에 생기를 불어넣는다. 이것이 숫자로 표현되면서 경우의 수가 더욱 다양하게 나타난다고 생각할 수 있는 것이다. 마음과 인체의 꼬이고 있는 모습이 표현되고 있다고 생각이 된다.

(2) 계의 형성과 차원의 이동

훈련된 마음은 세상을 만들 수 있다

영과 육으로 이루어진 우리가 사는 세상과는 완전히 다른 혼, 즉 無로만으로 이루어진 세상은 어떤 많은 존재들의 강력한 바람과 기원으로 새로운 세상을 만들 수 있다. 그 예는 종교에서 존재한다고 믿는 천국과 지옥이 그러하고, 역사적 인물에 대한 강력한 존경심이 커지고 많아진다면 그들만의 세상이 만들어진다.

또한 그와는 다르게 인간이 세상에 존재하는 DNA의 유사성 또한 새로운 세상을 만드는 요인이 된다. 이렇게 만들어지는 세상은 인간의 3차원적인 시각으로 볼 수는 없지만 존재한다. 3차원에서는 아주 작은 점의 형태로 존재하지만 그 내부는 우주만큼 크고 넓은 세상이 되면서 인간이 그 세상의 존재를 부르면서 찾게 된다면 그 존재의 세상이 우리에게 가깝게 다가오면서 그 세상이 열리게 된다.

가까이 다가온 그 세상과 인간세상의 구분은 아주 얇은 막으로 구분되어져 있다. 그 세상의 존재들은 언제든지 그 막을 찢고 인간세상으로 나올 수 있다. 인간의 마음에 의하여 이루어진 그 세상은 인간의 요구를 접하면 언제든지 마음의 속도로 이동하여 우리 옆에 그 세상을 펼치게 된다.

석가모니의 세계도 그러하고, 예수의 세계도 그러하다. 인간의 마음이 그런 세계를 만들었다면 인간의 마음으로 이동한다. 만약에 인간의 마음이 그 세상을 모두 버린다면 그 세상은 사라질 것이다. 인간이 그 세상과의 연결을 시도하면 인간의 본질인 無가 이동하면서 연결될 것이다. 인체가 직접 이동하지는 못한다.

마음세상의 소멸과 DNA 세상의 소멸

그래서 자신의 종교를 전파하려는 사람들은 그 세상의 존재들은 그 세상의 영원한 유지와 생존을 간절히 원하기 때문에 알게 모르게 살아있는 사람들에게 전해져서 그렇게 만들어진 그 세상의 영속적인 존치를 바란다. 그래서 그 세상을 추종하는 사람들은 그 세상으로 한 사람이라도 더 끌어들이기 위하여 혼신의 힘을 다한다. 인간의 마음에서 잊혀지는 것은 곧 소멸을 뜻하기 때문이다.

반면에 같은 DNA로 이루어진 세상은 인간마음에서 소멸되는 것이 아니라 해당 DNA의 소멸이 그 세상을 소멸시킨다. 조상신에 해당하는 씨족의 세상을 말하는데 조상신은 후손들이 더 이상의 후손을 생산하지 않는 것을 싫어할 수밖에 없다.

無는 거주할 공간에 따라서 현실에 나타난다

'일종무종일'에서와 같이 존재가 죽으면서 거주할 공간을 잃어버리면 無가 별도로 혼자 존재하게 되거나 혼돈의 상황에 들어가지만 無는 언제든지 자신이 거주할 공간이 생긴다면 새로운 공간에 들어가서 실물로 자리 잡게 될 수 있다. 이것은 실물이 一이 되고 에너지가 無가 되는 물질의 세계와 동일한 형태로 비추어 생각할 수 있고, 이것은 실물과 에너지가 분리되는 양자의 세계와 연결된다.

(3) 양자역학의 비교

양자도약과 無의 차원상승

원자구조 중에서 전자의 궤도는 에너지가 추가되면 밖으로 떠오른다.

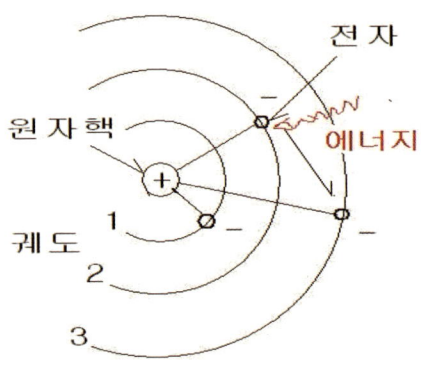

양자도약을 하는 과정에서 에너지를 받으면 一終에서 실물은 사라지면서 흩어진다. 에너지를 받으면서 본래 존재하던 無는 에너지를 추가하게 되고 다시 더 강력해진 無로 발전한다. 無는 이 상황에서 사라지지 않는다.

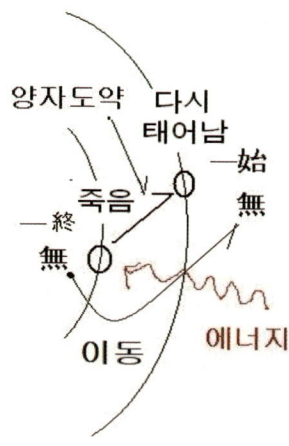

　궤도를 바꾸어서 강력해진 無가 거주할 공간이 마음에 의해서 새로 만들어지는데 이것이 一始다. 無는 마음과 같은 존재이므로 낮은 궤도에서 벗어나서 마음의 속도로 순식간에 높은 궤도로 이동하면서 一과 함께 새로운 존재를 형성한다.

　이것이 천부경에서 해석하는 양자역학의 양자도약이다. 낮은 차원과 높은 차원의 사이에 실물이 존재하지 않아도 공간이동을 할 수 있는 논리적인 과정이면서 인간이 다른 천체로 이동할 수 있는 이론적 근거가 될 수 있다.

양자얽힘과 풍수지리

　두 개의 양자가 서로 얽혀 있는 상태에서 한 개의 양자가 성격이 밝혀지면 다른 한 개의 성격도 직접 보지 않아도 그 성격을 알 수 있다는 원리이지만 이 이론은 약간의 의문이 남는다. 미완성의 이론이 아닐까 생각한다. 이 이론의 동양학적 관점에는 [42]동기감응이라는 이론이 있다. 이것은 주로 [43]풍수학에서 사용되어 왔으나 최근에는 재야에서 동양의학적으로도 활용하는 등의 한국에서는 비교적 활용도가 높은 이론에 속한다.

먼저 풍수지리에서는 돌아가신 조상의 DNA가 후손과 거의 같을 경우에 그 조상이 묻힌 장소의 유불리에 따라서 후손의 운명을 결정한다는 이론이다. 후손들 중에는 효과를 보는 사람도 있는 반면에 전혀 관련이 없는 사람도 있다. 아마도 같은 형제라도 유전자가 다르기 때문일 것으로 생각한다.

[44]홍지인싱크케어라는 힐링요법은 수술이나 약물에 의하지 않고 멀리 있는 사람의 질병을 관리하는 이론이다. 마찬가지로 DNA를 활용한다.

양자얽힘이 일반이론이 아닐 가능성

서로 떨어진 상자 안의 정보가 상자가 열리기 전에 불확정적 상태로 남아있다는 말은 조금은 불편해 보인다. 이미 상자 안의 정보

---

42) 동기감응, 쉽게 말하면 같은 DNA는 아무리 멀리 떨어져 있어도 똑같이 반응한다는 풍수지리의 기본이론이다.

43) 풍수학, 산과 물과 바람이 그 지역의 유리와 불리를 판단하는 학문으로 주변의 지형으로 직접 땅을 파보지 않았는데도 수맥이나 토질을 판별한다.

44) 홍지인싱크케어, 고대로부터 내려오는 이론을 한국의 김영진이 현대적으로 정리하였다. 사람의 내부에 있는 질병을 원거리에서도 관리할 수 있다.

는 정해져 있다. 제3자가 그것을 아직 확인하지 않았을 뿐이다.

마음이란 요소를 개입시켜서 중간의 진행과정을 바꿀 수 있다면 모를까 상황을 바꾸지 못할 자연적인 상태가 확인을 하지 않았기 때문에 불확정성이라고 한다면 지나친 상황설정이라 생각한다.

어떤 물질도 주변환경에서의 생존이 우선

아무리 같은 구성으로 이루어진 두 개의 물질이라도 각각의 물질이 처한 현실에 따라서 두 개의 물질은 다르게 존재하게 된다. 물질에 존재하는 에너지는 주변의 처한 환경에 따라서 다르게 변하기 때문이다.

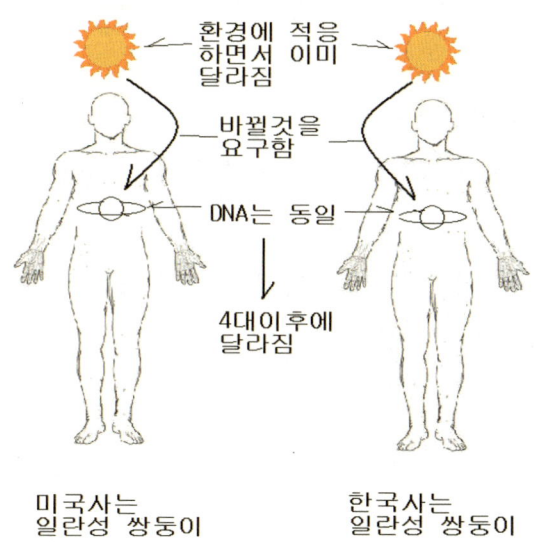

일란성 쌍둥이라 할지라도 미국과 한국에 살고 있다면 그 각각의 無는 우선적으로 환경에 적응하는 것이 우선한다. 변화가 많고

열악한 환경이라면 IQ가 높아져야 하고, 변화가 적은 좋은 환경이라면 IQ가 낮아도 될 것이다. 이와 같이 같은 DNA에서 나온 형제는 처한 환경에 따라서 생각이 먼저 달라지게 된다.

4대를 지나면 피부색도 달라지고 생각도 달라지면서 양쪽의 DNA는 완전히 달라진다. 각각의 개체에 주어진 無의 활동인 것이다. 이같이 양자현상이란 無와 혼과 에너지의 변화현상일 뿐이다.

양자역학은 미시세계뿐 아니라 현실에서도 적용

원자와 전자의 세계를 움직이는 양자역학은 인간의 현실세계와 다르다고 볼 수는 없다. 작은 세계이므로 움직임이 워낙에 빠르기 때문에 인간들의 세계와 다르다고 느낄 뿐이다.

지구가 1년이 흐른다면
원자는 3×10^{17}년이 흐른 것과 같을 것이다.

이런 시간적 차이만 감안된다면 큰 無와 작은 無의 차이와 같이 비슷한 움직임이 될 수도 있다.

(4) 무속의 양자현상

굿판

무속인들이 굿을 할 때 보면 고도의 정신력을 집중시키면서 상대방의 無를 접촉하면서 상대방의 無에 거주하는 다양한 無와 접촉하고 경우에 따라서는 빨아들이면서 상대방의 처지와 고민을 읽고 한이 서린 다른 無들의 말을 전달해주기도 하는 것을 보게 된다. 이것은 無의 세계를 접촉할 수 있는 능력을 가진 사람이 능력이 부족한 일반사람들의 고민을 해결하는 과정이다.

앞에서도 지속적으로 언급했지만 천부경은 영혼의 세계인 無를 인정하고 無가 원하는 바를 이루게 할 수 있다. 無도 한 개가 아닌 다양한 無를 인정하는 것이다.

굿판에서 춤을 추는 무당

굿판에서는 반드시 무당은 춤을 추어야 한다. 그것은 한이 서린 無를 위로하고 에너지를 부여하는 과정이다. 춤을 출 때는 무당의 無가 춤을 추는 것이 아닌 한이 서린 無를 위해서 춤을 추는 것이다. 앞의 수행론에서 설명했듯이 수행 중에 움직이면서 주문을 외우는 수행의 형태가 아주 강력한 기를 흡수한다.

무당의 춤은 이러한 강력한 수행행위인 것이고, 몸에 실린 다른 無를 위하여 수행을 해주면서 기를 보충해주는 것이다.

자신의 無를 위해서 하는 수행이 아니기에 당연하게도 춤을 출 때는 엄청난 힘을 발휘하지만 춤이 끝나고 다른 無가 떠나게 되면 자신은 힘이 빠진다. 자신  을 위한 수행이었다면 무당 자신은 힘이 솟아야 하는데 그렇지 못하다.

영혼의 들고 나는 현상이 양자현상

굿판에서 다른 無를 접촉하고 달래는 행위는 다른 세계에 존재하는 無를 불러들이면서 하나의 계를 넘나드는 행위인 셈이며, 양자도약과 양자얽힘의 현상이 인간의 현실세계에서도 적용된다는 것을 말해준다. 여기서도 굿을 하고자 하는 주인공의 DNA는 양자연결의 중요한 매개체이다.

(5) 집필을 마치면서

여기서 일단 첫 집필을 끝내야 할 것 같다. 결론을 담아서 마무리를 지으려 했으나 남은 내용은 다음에 다시 써야 할 것 같다. 처음 책을 쓰면서 계획했던 것을 모두 담지 못했기 때문에 다소 아쉬운 점이 있지만 엉성하게 쓰는 것보다는 다시 쓰는 것이 나을 것 같다는 생각이다.

약 23년 동안 우주와 인간의 관계를 오가면서 생각하던 천부경의 원리는 내가 짧은 시간에 모두 알아내려 하기에는 시간이 부족하지는 않았으나 막상 책을 쓰기 시작하니 내가 아직도 모르는 부분이 많다는 것을 실감했다. 그래서 마지막의 1개 부분은 사실증명 등 해야 할 일이 많이 남았다고 판단하므로 이 책에서 아직은 담기 어려웠다.

천부경에서 나타난 우주와 인간의 관계는 전체 문장의 내용은 아주 짧지만 많은 것을 떠올리게 하는 고도로 함축된 문장이었다.

이런 원리를 만들어낸 고대인들의 지혜가 놀라울 뿐이고, 그 지혜를 고도로 함축된 글자로 옮겨 적은 최치원 선생의 능력에도 저절로 존경심이 생기는 것은 자연스러운 일로 생각된다.

고대인류가 돌방망이나 휘두르는 단순하고 미개한 원시인이었을까? 오히려 '현대인들이 고대인류보다 더 심한 고정관념의 장벽을 치고 세상을 좁게 보고 있는 것은 아닐까?'라는 생각을 지울 수가 없다. 아니라면 우리가 생각하지 못한 또 다른 인류가 이 지구상에 존재했었다가 사라져 갔거나 현생인류가 어떤 쇼크로 인해서 잊어버린 기억의 한 편을 천부경에서만 희미한 모습으로 기억하고 있었던 것은 아닐까? 많은 것을 생각하게 하는 81자의 문장이다.